Informationstechnik
und
Datenverarbeitung

Diana Schmidt

Programmieren mit Ada

1 Ada für Einsteiger

Springer-Verlag

Berlin Heidelberg New York
London Paris Tokyo
Hong Kong Barcelona
Budapest

Diana Schmidt
Alsys GmbH
Am Rüppurrer Schloß 7
W-7500 Karlsruhe 51

Titelbild: Porträt der Gräfin Augusta Ada Lovelace, nach der
die Programmiersprache Ada benannt ist.

ISBN 978-3-540-54405-0   ISBN 978-3-642-52089-1 (eBook)
DOI 10.1007/978-3-642-52089-1

Die Deutsche Bibliothek – CIP-Einheitsaufnahme
Schmidt, Diana: Programmieren mit Ada / Diana Schmidt. – Berlin; Heidelberg; New York;
London; Paris; Tokyo; Hong Kong; Barcelona; Budapest : Springer.
(Informationstechnik und Datenverarbeitung)
Bd. 1. Ada für Einsteiger. – 1992.

Satz: Reproduktionsfertige Vorlage vom Autor
45/3140–5 4 3 2 1 0 – Gedruckt auf säurefreiem Papier

Meinen Kindern

Robin, Martin und Christopher

Vorwort

Seit fünf Jahren entwickle und halte ich Ada-Schulungen.
In der ersten Zeit waren die meisten Teilnehmer Sprach-
pioniere, die schon mehrere Sprachen kannten, darunter
auch eine blockstrukturierte wie Pascal, und nun die Vorteile der (damals noch) neuen Sprache Ada kennenlernen
wollten.

Mit zunehmender Verbreitung der Sprache und der Ver-
fügbarkeit guter Compiler auch für PCs kam aber ein wach-
sender Anteil von Teilnehmern, die direkt von FORTRAN
oder Assembler aus in Ada einstiegen. Ihre Bedürfnisse
waren ganz anders: Sie brauchten zunächst eine intensive
Beschäftigung mit Arbeitsweisen, die den anderen Teilnehmern schon in Fleisch und Blut übergegangen waren, zum
Beispiel mit strukturiertem Programmieren, mit der Abbildung von Datenstrukturen durch selbstvereinbarte Datentypen, und mit rekursiven Algorithmen.

Deshalb entwickelte ich 1988 einen Kurs speziell für diese
Teilnehmer, um sie in Ada mit diesen Arbeitsweisen ver-
traut zu machen, so daß sie dann gleichgestellt mit der
erstgenannten Gruppe die spezifischen Vorteile von Ada
kennenlernen konnten. Der vorliegende Band ist aus diesem Kurs entstanden.

Ich danke allen, die an der Entstehung dieses Buches be-
teiligt waren. Dazu gehören die Teilnehmer meiner Kurse,
die mir durch ihre Fragen und Ideen geholfen haben, die
Kurse zu entwickeln und zu verbessern. Georg Winter-
stein gab mir wertvolle Anregungen, darunter auch die,
dieses Buch zu schreiben. Meine Kollegen bei Alsys GmbH
(vormals SYSTEAM KG) haben mich von ihrem großen
Fachwissen und -verstand immer gerne profitieren lassen

(und die von ihnen gebauten Ada Compiler haben alle Programme in diesem Buch auf Herz und Nieren geprüft); insbesondere danke ich Annette Weinert und Erich Zimmermann, die das Manuskript kritisch gelesen haben.

Vor allem möchte ich meiner Familie danken; mein Mann Norbert hat mich auf jede erdenkliche Weise unterstützt.

Karlsruhe, September 1991   Diana Schmidt

Inhaltsverzeichnis

1 Einleitung

Wenn Sie dieses Buch in die Hand nehmen, haben Sie wohl schon die Absicht, Ada zu lernen oder zumindest sich damit zu beschäftigen. Vielleicht entspringt diese Absicht einem konkreten Anlaß, zum Beispiel ein Auftrag, eine bestimmte Aufgabe in Ada zu programmieren. Vielleicht aber haben Sie auch gehört, daß man in Ada mehr kann als in den meisten anderen Programmiersprachen, zum Beispiel

- portables Programmieren
- Abstraktion von Objekten, Datentypen und Aktionen
- Verbergen von Datenobjekten, Programmteilen und Strukturen.

In jedem Fall liegt es nahe zu fragen, was Ada von anderen Sprachen unterscheidet. Diese Frage wird allerdings in diesem Band nur zu einem kleinen Teil beantwortet (dafür aber im Fortsetzungsband vollständig). Vielmehr soll dieser Band Lesern, die ohne die Standardvoraussetzung „Pascal-Kenntnisse" Ada lernen wollen, diejenigen Kenntnisse und Denkweisen vermitteln, die einem Pascal-Erfahrenen selbstverständlich erscheinen und ihm die ersten Ada-Schritte leicht machen (zum Beispiel Vereinbarung eigener Datentypen, strukturiertes Programmieren, rekursives Programmieren).

Dieses Buch setzt beim Leser eine gewisse Programmiererfahrung voraus, zum Beispiel in Assembler, BASIC, COBOL oder FORTRAN. Nicht vorausgesetzt werden Erfahrungen mit blockstrukturierten Sprachen wie ALGOL 68, C, Modula-2, Pascal oder PL/1.

Im vorliegenden ersten Band werden in erster Linie diejenigen Sprachelemente von Ada eingeführt und eingeübt, die auch in Standard-Pascal vorhanden sind. Der volle Sprachumfang ergibt sich erst zusammen mit dem Fortsetzungsband „Ada für Fortgeschrittene", der sich sowohl für Pascal-Kenner ohne Ada-Kenntnisse eignet als auch für Leser, die Ada aus diesem Band kennengelernt haben.

Die Programmiersprache Ada wurde mit dem Ziel entwickelt, auch bei großen Programmsystemen das Schreiben zuverlässiger, transparenter, leicht veränderbarer und wiederverwendbarer Programme zu unterstützen. Dementsprechend werden in diesem Buche nicht nur Ada-Sprachelemente erklärt, sondern es wird auch gezeigt, wie man mit ihnen solche Programme schreiben kann.

Dazu werden in erster Linie kleine, vollständige Ada-Programmbeispiele vorgestellt, die Ada-Sprachelemente und ihre Anwendung exemplarisch erklären. Jeder Abschnitt zweiter Stufe in diesem Buch — zum Beispiel §3.1 — enthält eine Ada-Prozedur mit Beispielen der Ada-Sprachelemente, die im Abschnitt besprochen werden; ganz wenige Abschnitte enthalten mehr als ein solches Beispiel. Hinweise auf ein nicht explizit identifiziertes Ada-Beispiel beziehen sich immer auf das einzige Beispiel im gleichen Abschnitt. Gelegentlich eingestreute Tabellen und Schaubilder bieten einen Überblick über das jeweilige Thema.

Wer eine Sprache beherrschen will, muß sie sprechen und sich korrigieren lassen, um aus seinen Fehlern zu lernen. Für eine Programmiersprache bedeutet das: Programme schreiben und aus den Fehlern lernen. Dieses Buch enthält Aufgaben, deren Bearbeitung das Verständnis des jeweils zuvor besprochenen Stoffs festigt und vertieft. Zu jeder Aufgabe gibt es im Anhang eine komplette Musterlösung und, sofern sinnvoll, Bemerkungen zum gewählten Lösungsweg und zu anderen möglichen Lösungswegen. Bei den schwierigeren Aufgaben gibt es auch vorab Hinweise und Lösungsideen, damit auch Leser, die nicht ohne Hilfe zum Ziel kommen, die Möglichkeit haben, sich selbständig eine Lösung zu erarbeiten.

Abgesehen von diesen Musterlösungen dienen alle Programmbeispiele in diesem Buch dazu, Ada-Konzepte und -Einzelheiten einzuführen. Insbesondere enthalten sie manchmal (entsprechend kommentierte) semantische Fehler; auch dienen die Kommentare oft allein dem Zweck, Ada-Kenntnisse zu vermitteln — sie sind also nicht immer Musterbeispiele im Sinne der Programmdokumentation.

Die Sprachbeschreibung von Ada ist im Language Reference Manual [Ada] zu finden. In der Sprachbeschreibung wird eine reichhaltige Terminologie definiert und verwendet. Es gibt auch eine deutsche DIN-Übersetzung ([Deutsch-Ada]), die allerdings, im Gegensatz zu [Ada], keine verbindliche Definition der Sprache ist. In diesem Buch wird, außer bei einigen auch im Deutschen gebräuchlichen Wörtern (zum Beispiel ARRAY), die deutsche DIN-Übersetzung der Ada-Terminologie verwendet. Beim ersten Vorkommen jedes Begriffes steht der Original-Ada-Ausdruck in englischer Sprache dann jeweils in Klammern dahinter. So kann man, um vollständigere Informationen über den Begriff zu bekommen, im Stichwortverzeichnis von [Ada] nachsehen. Im Stichwortverzeichnis dieses Buches sind sowohl die deutschen als auch die englischen Ausdrücke aufgeführt.

Für einen Ada-Einsteiger ist die Sprachdefinition in [Ada] zunächst erschreckend umfangreich, vor allem im Vergleich zu anderen Sprachdefinitionen. Dies liegt daran, daß

- Ada einige Elemente enthält, die in vielen anderen Sprachen fehlen (zum Beispiel für das Programmieren paralleler Prozesse, für die Behandlung von Laufzeitfehlern und für die Definition parametrisierter Übersetzungseinheiten) und die zur Besprechung im zweiten Band zurückgestellt werden können; und daß
- Ada viele Dinge festlegt, die in anderen Sprachen nur ungenau definiert (und deshalb von verschiedenen Übersetzern verschieden interpretiert) werden.

Wenn man mehr als nur Trivialprogramme in Ada schreiben will, sollte man die Sprachbeschreibung [Ada] zur Hand haben und mit ihr umgehen können. Deshalb empfiehlt es sich, sich gleich von Anfang an daran zu gewöhnen, fehlende Informationen dort zu suchen; aus diesem Grunde wird in diesem Buch öfter darauf verwiesen. Für Leser, die (noch) keinen Zugang zu [Ada] haben, steht im Anhang A eine Definition der Syntax derjenigen Teile von Ada, die in diesem Band behandelt werden.

In diesem Buch werden Ada-Konstrukte nur durch Beispiele vorgestellt; will man mehr über ein Konstrukt wissen, zum Beispiel weitere Variationen der Syntax oder spezielle Einzelheiten der Semantik, muß man im entsprechenden Abschnitt in [Ada] nachsehen. Dort steht in der Regel nach einer kurzen Erklärung des Sinns dieses Konstrukts zunächst eine (oft unvollständige) Beschreibung seiner *Syntax* (das heißt, der Regeln über seine äußere Form) in *Backus-Naur-Form*. Darauf folgen in englischer Sprache eine Beschreibung seiner *Semantik* (das heißt, seiner Bedeutung und seiner Auswirkung zur Laufzeit des Programms) und eventuell Ergänzungen der formalen Syntaxbeschreibung, dann (wahlweise) Beispiele des Konstrukts, und zum Schluß Querverweise auf die Beschreibung derjenigen technischen Ausdrücke, die im Abschnitt verwendet, aber dort nicht erklärt werden.

2 Ein einfaches Ada-Programm

Der Aufbau eines ganz einfachen Ada-Programms ist wie folgt:

```
WITH ...;                          WITH-Klausel

PROCEDURE programm_name IS

      .                            Vereinbarungen
      .                            von
      .                            Variablen

BEGIN

      .                            Anweisungen

      .

      .


END programm_name;
```

WITH-Klauseln (*with clauses*) in einem Ada-Programm machen schon
vorher übersetzte Programmteile zugänglich; Vereinbarungen beschreiben
Dinge, die im Programm vorkommen, Anweisungen definieren Aktionen,
die ausgeführt werden. Jedes Ding, das in einem Ada-Programm in einer
Anweisung angesprochen wird, muß vorher explizit vereinbart werden; es
gibt keine impliziten Vereinbarungen, damit Ada-Programme auch für
unkundige Leser transparent sind.

Auf der nächsten Seite steht ein vollständiges, nur aus einer Prozedur
bestehendes einfaches Ada-Programm.

Die erste Zeile ist eine *WITH-Klausel,* die einen schon vorher übersetzten Programmteil (in diesem Fall das vordefinierte Paket text_io) in
dieser Prozedur sichtbar (und damit benutzbar) macht.

```
---------------------------------------------------------------|
WITH text_io; -- das vordefinierte Paket fuer
                -- Text-Ein/Ausgabe wird hier sichtbar gemacht


PROCEDURE echo IS
   zeichen : character;        -- vereinbart eine Variable vom
                               -- vordefinierten Typ character
BEGIN
   text_io.put_line
     ("Geben Sie bitte 10 Zeichen ein (aber nicht 'Z'):");
lese_schleife :
   FOR durchgang IN 1 .. 10 LOOP
      text_io.get (zeichen);      -- liest ein Zeichen von der
                                  -- Tastatur in die Variable zeichen
      IF zeichen = 'Z' THEN
         text_io.put_line
           ("Ich habe doch gesagt: Nicht 'Z'");
         EXIT lese_schleife;
      ELSE
         text_io.put (zeichen);         -- schreibt zeichen
                                        -- auf den Bildschirm
         text_io.new_line;
      END IF;
   END LOOP lese_schleife;

   text_io.put_line ("Auf Wiedersehen!");
END echo;
---------------------------------------------------------------|
```

Die Zeilen zwischen PROCEDURE echo IS und BEGIN bilden den
Vereinbarungsteil (declarative part) der Prozedur. Die Vereinbarungen,
die hier stehen, gelten bis zum Ende der Prozedur.

Die Zeilen zwischen BEGIN und END echo enthalten *Anweisungen (state-
ments).*

Jede Anweisung und jede Vereinbarung in Ada, auch die letzte Vereinbarung in einem Vereinbarungsteil und die letzte Anweisung in einer
Folge von Anweisungen, wird durch einen Strichpunkt beendet. Die Text-
teile, die mit „--" beginnen, sind Kommentare, dienen also ausschließlich

der Programmdokumentation. Ein solcher Kommentar erstreckt sich bis zum jeweiligen Zeilenende.

Nun noch ein paar allgemeine Bemerkungen zur Ada-*Syntax*, also zu den Regeln über das Aussehen von Ada-Programmen:

Bezeichner (*identifier*) sind Namen in Ada-Programmen für (Daten) -Objekte, Typen, Unterprogramme etc. Die Bezeichner, die in diesem Programm als Namen auftreten, sind:

text_io	ein vordefiniertes Paket für Ein/Ausgabe
echo	die Prozedur, aus der dieses Programm besteht
zeichen	eine Variable
character	ein vordefinierter Datentyp
put_line	eine Prozedur in text_io
durchgang	eine Variable, die nacheinander die Werte 1 bis 10 annimmt
get	eine Prozedur in text_io
put	eine Prozedur in text_io
new_line	eine Prozedur in text_io

Bezeichner müssen mit einem Buchstaben aus dem Alphabet anfangen und dürfen ansonsten beliebig viele Buchstaben, Ziffern und einzelne Tiefstriche (_) enthalten, müssen aber in eine Zeile passen. Damit liefert die Sprache ein sehr einfaches, aber wirksames Mittel, um Programme auf lokaler Ebene lesbarer zu machen. Man sollte sich die Mühe machen, wirklich passende und aussagekräftige Bezeichner zu verwenden, die einerseits vielfach Kommentare überflüssig machen, und andererseits von ihrer Grammatik her so gewählt sind, daß sich der Ada-Programmtext weitgehend wie ein Text in einer natürlichen Sprache liest. Sowohl die Zeit, die man für das Auswählen guter Bezeichner aufwendet, als auch der erhöhte Schreibaufwand für diese Bezeichner ist gut investiert, denn das Programm wird nur einmal geschrieben, aber wahrscheinlich oft gelesen.

In Ada gibt es 63 *reservierte Wörter*; dies sind Bezeichner, die eine besondere Bedeutung haben (zum Beispiel IF, END) und deshalb nicht als Namen in Programmen verwendet werden dürfen. In den Beispielen sind die reservierten Wörter immer groß geschrieben, alle anderen Bezeichner klein. Die reservierten Wörter, die in diesem Band eingeführt werden, sind in der Tabelle unten aufgelistet.

Da auch die reservierten Wörter, die in diesem Band noch nicht besprochen werden, nicht als Namen im Programm verwendet werden dürfen, werden auch sie unten aufgezählt.

Reservierte Wörter,
die in diesem Band eingeführt werden

ABS	ELSE	IS	OTHERS	REVERSE
ACCESS	ELSIF	LOOP	OUT	SUBTYPE
ALL	END	MOD	PACKAGE	THEN
AND	EXIT	NEW	PROCEDURE	TYPE
ARRAY	FOR	NOT	RANGE	WHEN
BEGIN	FUNCTION	NULL	RECORD	WHILE
CASE	IF	OF	REM	WITH
CONSTANT	IN	OR	RETURN	

Reservierte Wörter,
die in diesem Band noch nicht eingeführt werden

ABORT	DELAY	EXCEPTION	PRIVATE	TASK
ACCEPT	DELTA	GENERIC	RAISE	TERMINATE
AT	DIGITS	GOTO	RENAMES	USE
BODY	DO	LIMITED	SELECT	XOR
DECLARE	ENTRY	PRAGMA	SEPARATE	

Mit Bezeichnern nicht zu verwechseln sind die *Literale* (*literal*), die direkt angegebene Konstanten sind. In diesem Programm kommen drei *Zeichenkettenliterale* (*string literal*) vor, zum Beispiel "Auf Wiedersehen!", und ein *Zeichenliteral* (*character literal*), nämlich 'Z'.

Ein Wort zur *Formatierung*: Die Prozedur echo könnte man genausogut so schreiben:

```
-------------------------------------------------------------------|
with text_io;
PROCEDURE ECHO is zeichen:character; begin text_IO.put_line
("Geben Sie bitte 10 Zeichen ein (aber nicht 'Z'"));
lese_schleife: for durchgang in 1 .. 10 loop text_io.get
(zeichen); if zeichen = 'Z' Then text_io.put_line
("Ich habe doch gesagt: Nicht 'Z'"); exit lese_schleife;else
text_io.put (zEICHEN); text_io.new_line; END IF; END LOOP
lese_schleife; text_io.put_line("Auf Wiedersehen");end echo;
-------------------------------------------------------------------|
```

Ada ist nämlich formatfrei (zum Beispiel spielt die Anzahl der Zwischenräume und/oder Zeilenwechsel zwischen zwei Bezeichnern keine Rolle) und unterscheidet auch nicht zwischen Groß- und Kleinbuchstaben innerhalb von Bezeichnern; zum Beispiel werden Bezeichner Ada, ADA und ada als identisch betrachtet.

Die Sprache ist zwar formatfrei, [Ada, §1.5] empfiehlt aber bestimmte Konventionen für Zeilenwechsel und Einrückungen. Die Programmbeispiele in diesem Buch folgen diesen Empfehlungen, sofern nicht die kurzen Zeilen oder die Plazierung von Kommentaren Abweichungen erzwingen.

[Ada] enthält keine Empfehlung zur Groß-Kleinschreibung, aber in den Beispielen dort werden einheitlich die reservierten Wörter klein und fett, die Bezeichner groß geschrieben. In den Beispielen in diesem Buch sind stets die reservierten Wörter groß und die Bezeichner klein geschrieben, weil

- Fettdruck in echten Programmquellen nicht möglich ist, der Leser sich aber an ein Erscheinungsbild gewöhnen soll, das auch in der Praxis, zum Beispiel am Bildschirm, vorkommt;

- die Wörter im Programm, die man wirklich genau lesen muß, die Bezeichner sind; erfahrungsgemäß ist aber Text aus Kleinbuchstaben leichter zu lesen als Text aus Großbuchstaben.

Sicher ist die Wahl einer Konvention auch vom Geschmack abhängig; wichtiger ist, daß man sich überhaupt an eine einheitliche Konvention hält, denn dies erhöht die lokale Lesbarkeit von Programmen ganz erheblich, wie man am obigen Beispiel sieht.

3 Anweisungen

Eine *Anweisung* (*statement*) in Ada definiert eine Aktion; wenn die Anweisung *ausgeführt* (*executed*) wird, bewirkt sie diese Aktion. In diesem Kapitel werden folgende Anweisungen vorgestellt:

Anweisung	Wirkung	Wo geht es danach weiter?
NULL	keine	nächste Anweisung
Zuweisung (*assignment*)	Veränderung des Wertes einer Variablen	nächste Anweisung
IF	wählt zwischen mehreren Folgen von Anweisungen je nach Wahrheitswert einer oder mehrerer Bedingungen	nächste Anweisung
CASE	wählt zwischen mehreren Folgen von Anweisungen je nach Wert *eines* Ausdrucks	nächste Anweisung
LOOP	wiederholt mehrmals eine Folge von Anweisungen	nächste Anweisung
EXIT	verläßt eine LOOP-Anweisung	nächste Anweisung *nach* Ende der LOOP-Anweisung

In dieser Aufzählung werden Sie vielleicht die GOTO-Anweisung vermissen. Sie ist auch in Ada vorhanden ([Ada, Kapitel 5]); hier wurde sie aber weggelassen, weil sie in transparent geschriebenen Ada-Programmen sehr selten zu finden ist. Nachweislich *kann* man immer ohne die GOTO-Anweisung auskommen (in IF-, CASE-, LOOP- und EXIT-Anweisungen steckt auch ein Sprungbefehl, und diese Sprungmöglichkeiten reichen aus, um jeden Algorithmus zu programmieren). In seltenen Fällen kann man ein Programm durch eine GOTO-Anweisung transparenter gestalten; wenn dies wirklich der Fall ist (und nur dann), sollte man sie verwenden. Mehr zu diesem Thema steht in §3.7.

3.1 Zuweisungen und NULL-Anweisung

In einer *Zuweisung* (*assignment*) steht rechts ein *Ausdruck* (*expression*) und links eine Variable. Die Ausführung einer Zuweisung bewirkt, daß der Ausdruck, der rechts steht, ausgewertet wird, und der aktuelle Wert der Variablen, die links steht, durch den Wert des Ausdrucks ersetzt wird. Zum Beispiel bewirkt die Zuweisung

```
zahl_1 := 3;
```

daß die Variable `zahl_1` den Wert 3 bekommt.

In Ada gilt das Prinzip der *strengen Typisierung*, die dem Programmierer hilft, verschiedenartige Dinge auseinanderzuhalten: Jedes Datenobjekt, das im Programm benutzt wird, muß explizit vereinbart und dabei einem Typ zugeordnet werden, und der Compiler verhindert, daß jemals eine Variable einen Wert eines anderen Typs bekommt. So wird der Compiler die vorletzte Zuweisung in diesem Beispiel als inkorrekt ablehnen.

Da Ada besonders das Schreiben großer Programme unterstützt, kann ein Ada-Programm aus mehreren Teilen bestehen, die in verschiedenen Übersetzungsläufen zu verschiedenen Zeitpunkten übersetzt werden können; das sind die *Übersetzungseinheiten* (*compilation unit*) des Programms. Die meisten Beispiele in diesem und dem nächsten Kapitel bestehen aus nur einer Übersetzungseinheit, so auch das Beispiel in diesem Abschnitt. In Ada führt ein Fehler in einer Übersetzungseinheit stets zur Ablehnung der ganzen Übersetzungseinheit. Wegen des Fehlers in der vorletzten Zuweisung wird der Compiler also die ganze Prozedur als inkorrekt ablehnen, das heißt nicht übersetzen.

Der Ausdruck auf der rechten Seite einer Zuweisung darf beliebig komplex sein; da die Sprache kein Format vorschreibt, kann der Ausdruck ja auch über mehrere Zeilen verteilt sein. Man kann auch zusätzliche Klammern um den Ausdruck schreiben, um die Zuweisung lesbarer zu machen; ihre Wirkung wird dadurch nicht verändert. Zum Beispiel haben die beiden Zuweisungen

```
---------------------------------------------------------------|
PROCEDURE zuweisungen_und_null IS
   zeichen     : character;
   zahl_1,
   zahl_2,
   zahl_3      : integer;
   zahl_4      : integer := 77;
   behauptung  : boolean;
   konstante   : CONSTANT character := 'x';
BEGIN
   NULL;                           -- bewirkt nichts
   zeichen := 'a';
   zahl_1 := 3;
   zahl_3 := zahl_2;    -- fehlerhaft, Wirkung unvorhersehbar
   zahl_3 := zahl_4;          -- OK, weil zahl_4 initialisiert
   zahl_2 := 6 * zahl_1 - 17;
   zahl_3 := 99 / (zahl_2 - zahl_1);
   behauptung := true;
   behauptung := false;        -- Werte des
                               -- vordefinierten Typs boolean
   behauptung := zahl_1 = zahl_2;
   behauptung := (zahl_1 = zahl_2);
   behauptung := zahl_1;       -- verbietet der Compiler
                               -- (verschiedene Typen)
   konstante  := zeichen;      -- verbietet der Compiler
             -- (Konstanten duerfen nicht veraendert werden)
END zuweisungen_und_null;
---------------------------------------------------------------|
```

```
behauptung := zahl_1 = zahl_2;
behauptung := (zahl_1 = zahl_2);
```

die gleiche Wirkung.

Wenn man in einer Prozedur mit einem Objekt arbeitet, dessen Wert
während der Prozedurausführung nicht verändert werden soll, sollte man
dieses Objekt als *Konstante* vereinbaren, wie hier konstante. Dadurch
dokumentiert man, daß es einen konstanten Wert hat und verpflichtet
den Compiler, versehentliche Veränderungen dieses Wertes zu verbieten.
So wird der Compiler in diesem Beispiel die letzte Zuweisung (und damit
die ganze Prozedur) ablehnen, weil sie eine Konstante verändern würde.

Die Ausführung der NULL-Anweisung bewirkt nichts. Die Syntax von
Ada verlangt, daß an manchen Stellen mindestens eine Anweisung steht,
zum Beispiel zwischen dem BEGIN und dem END einer Prozedur. Soll aber
dort keine Aktion ausgeführt werden, schreibt man eine NULL-Anweisung.

Manche Sprachen legen fest, welchen Wert die Variablen vor Programmbeginn haben, so daß Programmierer sich darauf verlassen können, daß eine Variable, der im Programm noch kein Wert zugewiesen wurde, diesen Wert hat. In Ada wird *kein* automatisches Initialisieren von Variablen garantiert, damit Ada-Programme auch für unkundige Leser transparent sind. Im Gegenteil, ein Programm, das eine Variable auswertet, in die es noch keinen Wert geschrieben hat, ist *fehlerhaft (erroneous)*. Das heißt aber nicht, daß der Compiler diesen Fehler aufdecken wird; es liegt in der Verantwortung des Programmierers, solche fehlerhaften Ausführungen zu vermeiden. Das Initialisieren von Variablen (wie hier von zahl_ 4) bei ihrer Vereinbarung ist ein einfaches Mittel, fehlerhafte Ausführung durch nichtinitialisierte Variablen von vornherein auszuschließen.

3.2 IF-Anweisungen

Die *IF-Anweisung* ist eine bedingte Anweisung, also eine, die unter verschiedenen Umständen verschiedene Aktionen ausführen läßt. Zunächst eine graphische Darstellung von typischen Situationen, in denen eine IF-Anweisung sich anbietet:

```
x = 3?    ja →      ...
          nein →    ...
```

```
x = 3?    ja →       ...
          nein →    y = 6?    ja →     ...
                              nein →   ...
```

```
x = 3?    ja →       ...
          nein →    y = 6?    ja →        ...
                              nein →   z = 9?    ja →     ...
                                                 nein →   ...
```

Das folgende Beispiel zeigt verschiedene IF-Anweisungen.

Bevor Sie die IF-Anweisungen näher ansehen, ein Wort zu ihrer Syntax: Eine IF-Anweisung fängt immer mit IF an und endet mit END IF;.

Die IF-Anweisung in Ada ist, wie in anderen Sprachen auch, eine *zusammengesetzte Anweisung (compound statement)*, also eine, die andere Anweisung(en) enthält (in den Beispielen in dieser Prozedur sind es Zuweisungen, es könnten aber auch zum Beispiel wieder zusammengesetzte Anweisungen sein). In manchen anderen Sprachen ist an solchen Stellen (zum Beispiel in Pascal nach dem THEN einer IF-Anweisung) jeweils nur *eine* Anweisung erlaubt; wenn man dort mehrere Anweisungen schreiben will, muß man sie durch BEGIN ... END klammern. Braucht man an mehreren Stellen im Programmtext solche Klammern, und vergißt man dabei ein END, ist es oft nicht leicht herauszufinden, wo das fehlende END hingehört. Getreu dem Prinzip, zuverlässiges Programmieren durch möglichst frühe und leichte Auffindbarkeit von Fehlern zu unterstützen, hat in Ada jede zusammengesetzte Anweisung von vornherein ihre eigene Klammerstruktur: IF ... END IF, CASE ... END CASE, LOOP ... END LOOP etc.; so kann in vielen Fällen schon der Compiler (rein syntaktisch) erkennen, bei welcher dieser Anweisungen das END ... fehlt.

Bei der IF-Anweisung sind viele Variationen möglich; die einfachste steht in diesem Beispiel zuerst: Zwischen IF und THEN steht ein boolescher Ausdruck, der zuerst ausgewertet wird, und zwischen THEN und END IF steht eine Folge von Anweisungen (in diesem Beispiel eine), die nur dann ausgeführt wird, wenn der Wert des boolesche Ausdrucks true war. Der Ausdruck, der in diesem Beispiel zwischen IF und THEN steht, ist habe_kreuz_bube /= habe_pik_bube. „/=" bedeutet in Ada „ungleich". Damit hat dieser Ausdruck den Wert true, wenn habe_kreuz_bube und habe_pik_bube verschiedene Werte haben, also wenn eine dieser Variablen den Wert true und die andere den Wert false hat. Wenn die Variablen aber den gleichen Wert haben, hat der boolesche Ausdruck den Wert false. Damit drückt die erste IF-Anweisung in diesem Beispiel die Skatregel „mit/ohne eins, spiel zwei" aus.

Der Zusatz RANGE 2 .. 5 bei der Vereinbarung der Variablen spiel ist eine *Bereichseinschränkung (range constraint)*; er schränkt diese Variable auf den Bereich zwischen 2 und 5 (einschließlich 2 und 5) ein. Mit einer solchen Einschränkung dokumentiert man eine Absicht und erreicht außerdem, daß die Einhaltung dieser Absicht zur Laufzeit überwacht wird: Eine Zuweisung eines Wertes außerhalb dieses Bereichs an die Variable löst sofort constraint_error aus. Mehr zu diesem Thema im nächsten Kapitel.

Nun folgen weitere Beispiele von IF-Anweisungen. Bei jedem werden nacheinander die booleschen Ausdrücke (zwischen IF und THEN bzw. ELSIF und THEN) ausgewertet, bis eine mit dem Wert TRUE gefunden wird. Dann wird die Folge von Anweisungen zwischen dem dazugehörigen THEN und ELSIF bzw. END IF ausgeführt. Haben alle booleschen Ausdrücke

```
-----------------------------------------------------------------|
PROCEDURE if_anweisungen IS
   habe_kreuz_bube,
   habe_pik_bube,
   habe_herz_bube,
   habe_karo_bube      : boolean := true;
   darf_bis_27_reizen : boolean := false;
   spiel               : integer RANGE 2 .. 5;
BEGIN
   IF habe_kreuz_bube /= habe_pik_bube THEN     -- mit/ohne 1
      spiel := 2;                               -- spiel 2
   END IF;


   IF habe_kreuz_bube /= habe_pik_bube THEN
      spiel := 2;
   ELSE
      darf_bis_27_reizen := true;
   END IF;


   IF habe_kreuz_bube /= habe_pik_bubc THEN
      spiel := 2;
   ELSIF habe_pik_bube /= habe_herz_bube THEN   -- mit/ohne 2
      spiel := 3;                               -- spiel 3
      darf_bis_27_reizen := true;
   END IF;


   IF habe_kreuz_bube /= habe_pik_bube THEN
      spiel := 2;
   ELSIF habe_pik_bube /= habe_herz_bube THEN
      spiel := 3;
   ELSIF habe_herz_bube = habe_karo_bube THEN   -- mit/ohne 4
      spiel := 5;                               -- spiel 5;
   ELSE                                         -- mit/ohne 3
      spiel := 4;                               -- spiel 4
   END IF;
END if_anweisungen;
-----------------------------------------------------------------|
```

den Wert FALSE, so wird die Folge von Anweisungen zwischen ELSE (sofern vorhanden) und END IF ausgeführt.

Am Beispiel der IF-Anweisung (beschrieben in [Ada, §5.3]) werden jetzt die Beschreibungen von Ada-Konstrukten in [Ada] erklärt. Wer keinen

Zugang zu [Ada] hat, findet im Anhang A dieses Buches die Beschreibung der Syntax der Sprache in Backus-Naur-Form; die dort links stehenden Nummern identifizieren jeweils den Abschnitt in [Ada], aus dem der darauffolgende Teil der Syntaxbeschreibung stammt. Zum Beispiel stammt folgende Syntaxbeschreibung aus Abschnitt 5.3:

```
5.3
if_statement ::= if condition then
                    sequence_of_statements
                 {elsif condition then
                    sequence_of_statements}
                 [else
                    sequence_of_statements]
                 end if;
condition ::= boolean_expression
```

Zunächst erklären wir die (dort verwendete Variante der) Backus-Naur-Beschreibung:

„if_statement ::=" bedeutet: „Eine IF-Anweisung hat folgende Gestalt:". Die folgenden Zeilen beschreiben diese Gestalt. Dabei sind Teile, die in eckigen Klammern eingeschlossen sind (hier **else** sequence_of_statements), wahlweise, d.h. sie können einmal vorkommen oder ganz fehlen. Teile, die in geschweiften Klammern eingeschlossen sind, können beliebig oft vorkommen, also gar nicht oder einmal oder zweimal oder ...
Hier sieht man also zum Beispiel, daß in einer IF-Anweisung ELSE höchstens einmal vorkommen darf (abgesehen von ELSE-en in darin geschachtelten IF-Anweisungen), ELSIF aber beliebig oft. Die fett gedruckten Wörter in der Backus-Naur-Beschreibung sind reservierte Wörter, die anderen Bezeichner (zum Beispiel condition, sequence_of_statements) technische Ausdrücke, die in [Ada] an anderer Stelle erklärt werden. Hier wird „condition" im gleichen Abschnitt erklärt: Eine „condition" hat also die Gestalt *boolean*_expression. Dabei gehört das kursive *boolean*_ nicht zur Syntaxbeschreibung, sondern dient nur als Hilfe für den Leser (die Tatsache, daß der Typ dieser „expression" ein boolescher Typ sein muß, ist weiter unten in englischer Sprache ausgedrückt); wenn man also die Beschreibung von *boolean*_expression sehen will, muß man bei „expression" suchen.
In den Querverweisen am Abschnittsende sieht man, daß „expression" in §4.4 beschrieben wird. In der Backus-Naur-Beschreibung in diesem Abschnitt trifft man auf eine Schreibweise, die bei der Beschreibung der IF-Anweisung nicht vorkam: Der senkrechte Strich | trennt Alternativen voneinander. Man sieht also hier, daß ein „expression" aus „relation"s

aufgebaut wird, und zwar (wenn er nicht nur aus einer „relation" besteht)
mittels AND THEN oder OR ELSE[*].

Verfolgt man die Syntaxbeschreibung weiter, stellt man fest, daß man
allein in diesem Abschnitt vier weitere technische Ausdrücke (simple_
expression, term, factor, primary) verstehen müßte, um „expression" zu
verstehen; ganz zu schweigen von den weiteren vierzehn Ausdrücken, die
hier verwendet und in anderen Abschnitten erklärt werden. [Ada] eignet
sich also kaum als Einführung in die Sprache; es ist aber unerläßlich als
Nachschlagewerk, in dem man vollständige und verbindliche Informationen zum jeweiligen Ada-Konstrukt findet. Hat man erst über einfache
Beispiele den Zugang zur Sprache gefunden, fällt es leichter, die Beschreibung des vollen Sprachumfangs in [Ada] zu verstehen.

3.3 CASE-Anweisungen

Folgende Fallunterscheidung wäre mit einer IF-Anweisung umständlich
auszudrücken; mit einer CASE-Anweisung dagegen kann sie viel transparenter dargestellt werden:

---

eingabe = ?

'A'	'a'	'B' bis 'Z' oder 'b' bis 'z'	sonst
↓	↓	↓	↓
...	...	...	...

Die CASE-Anweisung ist auch eine bedingte Anweisung, aber eine, in
der die auszuführenden Aktionen nicht (wie in der IF-Anweisung) nach
dem Wert eines oder mehrerer boolescher Ausdrücke, sondern nach dem
Wert eines beliebigen Ausdrucks eines *diskreten* (d.h. ganzzahligen oder
Aufzählungs-) Typs bestimmt werden.

Wie man im Beispiel sieht, gibt es verschiedene syntaktische Möglichkeiten, mehrere Werte dieses Typs zu einer Alternative (WHEN ... =>)
zusammenzufassen: Mit „.." faßt man einen zusammenhängenden Be-
reich von Werten zusammen und mit „|" verschiedene Werte oder Berei-
che; 'B' .. 'Z' | 'b' .. 'z' bedeutet hier also „'B' bis 'Z', oder 'b'
bis 'z'". (Da manche Tastaturen kein „|" haben, kann man stattdessen
„!" schreiben.)

---

[*] oder AND, OR, oder XOR, die aber in diesem Band noch nicht behandelt werden

```
-------------------------------------------------------------|
WITH text_io;

PROCEDURE chiffrieren IS
   eingabe : character;
BEGIN
   text_io.get (eingabe);        -- liest ein Zeichen von der
                         -- Tastatur in die Variable "eingabe"
   CASE eingabe IS
     WHEN 'A' =>                      -- 'A' wird als 'Z' ver-
        text_io.put ('Z');           -- schluesselt ausgegeben

     WHEN 'a' =>                      -- 'a' als 'z'
        text_io.put ('z');

     WHEN 'B' .. 'Z' | 'b' .. 'z' =>
        text_io.put (character'pred (eingabe));-- (zu 'pred
                                      -- siehe §4.1)
                       -- jeder andere Buchstabe
                       -- als sein Vorgaenger im Alphabet

     WHEN OTHERS =>
        text_io.put (eingabe); -- und jedes andere Zeichen
                               -- unverschluesselt
   END CASE;
END chiffrieren;
-------------------------------------------------------------|
```

Insgesamt muß aber jeder Wert des Typs in genau einer Alternativen
vorkommen — man kann am Schluß die Werte, die bisher in keiner Alternativen behandelt wurden, in einer OTHERS-Alternative zusammenfassen.
Vergißt man einen Wert des Typs und hat man keine OTHERS-Alternative,
so ist die Übersetzungseinheit inkorrekt und wird vom Compiler abgelehnt.

Die OTHERS-Alternative ist zwar bequem; besser ist es aber, die restlichen Werte des Typs explizit aufzuführen, weil dann

- man nicht so leicht einen Wert übersieht, für den doch eine Sonderbe-
  handlung nötig ist (Vermeidung von Fehlern), und

- bei einer eventuellen späteren Erweiterung des Typs der Compiler
  aufpaßt, daß keiner der neu hinzugekommenen Werte vergessen wird
  (leichte Veränderbarkeit).

3.4 Aufgabe 1: IF- und CASE-Anweisungen

Vervollständigen Sie bitte folgendes Gerüst eines Ada-Programms so, daß
es zwei Großbuchstaben von der Tastatur einliest und eine Meldung ausgibt nach folgender Regel:

```
--------------------------------------------------------------|
WITH text_io;


PROCEDURE aufgabe_1 IS
   erstes_zeichen,
   zweites_zeichen : character;
BEGIN
   text_io.put_line
      ("Bitte zwei Zeichen in aufsteigender Reihenfolge.");
   text_io.put_line
("Das Zweite soll ein Buchstabe aus meinem Vornamen sein.");
   text_io.get (erstes_zeichen); --(Lesen ein Zeichen in die
   text_io.get (zweites_zeichen);--(jeweilige Variable ein




   text_io.put_line ("Falsche Reihenfolge");




   text_io.put_line ("Richtig!");




   text_io.put_line ("Falsch!");




END aufgabe_1;
--------------------------------------------------------------|
```

- liegt das erste eingelesene Zeichen im Alphabet nach dem zweiten, erscheint die Meldung „Falsche Reihenfolge"; sonst

- kommt das zweite eingelesene Zeichen in Ihrem Vornamen vor, erscheint die Meldung „Richtig!"; sonst erscheint die Meldung „Falsch!"

Genau wie bei `integer` gibt es bei dem vordefinierten Typ `character` auch einen Operator „<", der die alphabetische Reihenfolge prüft. Mehr dazu im nächsten Kapitel.

Wenn Sie das Programm fertiggeschrieben haben:

- Formatieren Sie ihr Programm, sofern Sie sich nicht schon beim Eintippen an einheitliche Konventionen für Einrückung und Groß-Kleinschreibung gehalten haben. Ein so formatierter Programmtext ist wesentlich übersichtlicher als ein formatfrei geschriebener. Die meisten Ada-Programmierumgebungen enthalten einen *Formatierer* (oft „Pretty Printer" genannt), der Groß-Kleinschreibung und Einrückungen nach einer einheitlichen Konvention erzeugt. Dabei ist es meist möglich, über Aufrufparameter individuelle Wünsche anzugeben, zum Beispiel die reservierten Wörter groß schreiben zu lassen und die Bezeichner klein, oder umgekehrt.

- Richten Sie eine Ada-*Programmbibliothek* für Ihre Programmmoduln ein. Wegen der Möglichkeiten, die Ada für getrennte Übersetzung von Programmmoduln bietet, legt [Ada] fest, daß es (mindestens) eine Programmbibliothek gibt, und daß jede erfolgreiche Übersetzung zur Folge hat, daß die übersetzten Programmteile zur Bibliothek gehören. In Ada ist eine Programmbibliothek also nicht nur, wie in manchen Sprachen, ein Archiv für bewährte Routinen und damit eine Annehmlichkeit, auf die man auch verzichten kann; vielmehr braucht man in Ada eine Bibliothek, bevor man überhaupt erst übersetzen kann.

- Übersetzen Sie nun Ihr Programm in Ihre Bibliothek. Möglicherweise werden sie erst nach mehreren Anläufen ein fehlerfreies Programm haben. Verzweifeln Sie nicht; Ada ist so konzipiert, daß möglichst viele Fehler schon zur Übersetzungszeit aufgedeckt werden, damit weniger Fehler beim Testen auftreten. Insgesamt spart man also Zeit mit Ada, da Fehler, die erst zur Laufzeit zutage treten, meist weitaus schwerer zu lokalisieren sind als solche, die schon bei der Übersetzung erkannt werden.

- Binden Sie ihr Programm und lassen Sie es ablaufen.

3.5 LOOP- und EXIT-Anweisungen

Mit einer LOOP-Anweisung kann man eine Folge von Anweisungen mehrmals wiederholen, mit einer EXIT-Anweisung die Folge verlassen und weitere Wiederholungen unterbinden.

```
-----------------------------------------------------------------|
PROCEDURE loop_anweisungen IS
   zaehler          : integer := 0;
   puffer_ist_voll : boolean := false;
BEGIN
   LOOP
      zaehler := zaehler + 1;
      -- weitere Anweisungen
      IF zaehler >= 100 THEN
         puffer_ist_voll := true;
         EXIT;                 -- Sprung aus dieser Schleife, es
      END IF;                  -- wird nach END LOOP fortgefahren
   END LOOP;

ein_schritt_zurueck :              -- eine Schleife mit Namen
   LOOP
      zaehler := zaehler - 1;
      -- weitere Anweisungen
   zehn_schritte_zurueck :         -- und noch eine
      LOOP
         IF zaehler < 10 THEN
            EXIT zehn_schritte_zurueck;
                                 -- aus innerer Schleife
         ELSIF zaehler <= 0 THEN
            EXIT ein_schritt_zurueck;
                                 -- aus aeusserer Schleife
         ELSE
            zaehler := zaehler - 10;
            -- weitere Anweisungen
         END IF;
      END LOOP zehn_schritte_zurueck;  -- Wiederholung des
   END LOOP ein_schritt_zurueck;       -- Schleifennamens
                                       -- vorgeschrieben
END loop_anweisungen;
-----------------------------------------------------------------|
```

Eine schlichte LOOP-Anweisung bewirkt, daß die Folge von Anweisungen,
die zwischen LOOP und END LOOP steht, unbeschränkt oft wiederholt wird;

hiermit programmiert man also eine Endlosschleife, wenn man nicht dafür sorgt, daß das Wiederholen irgendwann unterbrochen wird.

Eine Möglichkeit, die Wiederholung der Anweisungen einer LOOP-Anweisung zu unterbrechen, bietet die EXIT-Anweisung: Eine EXIT-Anweisung ohne Schleifennamen bewirkt, daß die Ausführung der innersten Schleife abgebrochen und nach dem END LOOP dieser Schleife fortgefahren wird.

Den Kontrollfluß der LOOP- und EXIT-Anweisungen kann man also so darstellen:

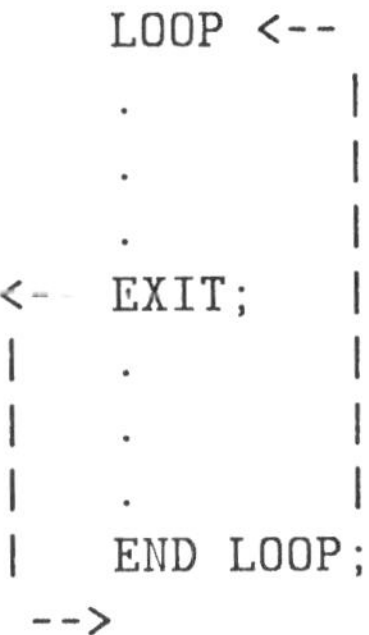

Wie man im dritten Schleifenbeispiel sieht, kann man jede Schleife mit einem Namen versehen, die dann am Ende der Schleife wiederholt werden muß. Dies empfiehlt sich besonders bei geschachtelten Schleifen; nicht nur, weil man dann eine EXIT-Anweisung (mit Schleifennamen) auch zum Verlassen einer äußeren Schleife verwenden kann, sondern auch, weil der Compiler dann den Namen am Ende der Schleife prüft und so Hilfe bei der Fehlerlokalisation bietet, wenn man ein END LOOP vergessen hat.

3.6 FOR- und WHILE-Schleifen

FOR- und WHILE-Schleifen sind Verfeinerungen des LOOP-Konstrukts. Will man die Anzahl der Schleifendurchläufe von vornherein beschränken, kann man dies durch eine FOR-Schleife erreichen: Man gibt einen Schleifenparameter an (in diesen Beispielen index) und einen Bereich, den er durchlaufen soll, und das Ada-System sorgt dafür, daß zur Laufzeit die Schleife entsprechend oft durchlaufen wird, und daß der Schleifenparameter bei jedem Durchlauf den gewünschten Wert hat. Dabei ist der Schleifenparameter eine lokale Konstante, die innerhalb der Schleife gelesen aber nicht verändert werden darf (Verletzungen dieser Regel stellt der

Compiler zur Übersetzungszeit fest und lehnt sie als inkorrekt ab). Der Schleifenparameter verletzt nur scheinbar die generelle Ada-Regel, daß jedes im Programm verwendete Datenobjekt explizit vereinbart sein muß: Der Text zwischen FOR und LOOP ist eine Vereinbarung, die nur innerhalb der Schleife gilt. Diesen Parameter muß man also nicht im Vereinbarungsteil deklarieren. (Tut man es dennoch, so gibt es in Wirklichkeit zwei Parameter mit dem gleichen Namen: Einen, der nur innerhalb der Schleife sichtbar ist, und einen, dessen Vereinbarung sowohl außerhalb als auch innerhalb der Schleife gilt aber innerhalb der Schleife *verdeckt* (*hidden*) ist. Spricht man diesen Namen also innerhalb der Schleife an, so versteht der Compiler darunter die Schleifenvariable; spricht man ihn dagegen außerhalb der Schleife an, so versteht er die Variable, die im Vereinbarungsteil deklariert wurde.)

```
--------------------------------------------------------------|
PROCEDURE for_und_while_schleifen IS
    zaehler         : integer := 1;
    puffer_ist_voll : boolean := true;
BEGIN
    FOR index IN 1 .. 99 LOOP -- eine FOR-Schleife
       NULL;              -- die Schleifenvariable (hier index)
    END LOOP;             -- muss NICHT vereinbart worden sein

schleifen_name :                  -- eine FOR-Schleife mit Namen

    FOR index IN zaehler .. zaehler * 33 LOOP
       zaehler := zaehler + index;
                         -- man darf den Schleifenindex lesen
                         -- aber nicht veraendern
    END LOOP schleifen_name;


    FOR index IN 99 .. 1 LOOP      -- rueckwaerts durchlaufen
       NULL;                       -- geht nicht so,
    END LOOP;

                                   -- sondern so:
    FOR index IN REVERSE 1 .. 99 LOOP
       NULL;                   -- hier wird der Bereich 1 .. 99
    END LOOP;                   -- rueckwaerts durchlaufen


    WHILE NOT puffer_ist_voll LOOP  -- eine WHILE-Schleife
       NULL;                        -- wird nur solange ausgefuehrt,
    END LOOP;               - wie die angegebene Bedingung gilt
END for_und_while_schleifen;
--------------------------------------------------------------|
```

Die in einer FOR-Schleife angegebenen Bereichsschranken können auch
(wie in der zweiten Schleife in diesem Beispiel) komplexere Ausdrücke sein
und Variablen enthalten. Die Bereichsschranken werden aber in jedem
Fall nur einmal berechnet, so daß sie sich nicht während der Ausführung
der FOR-Schleife verändern können; diese Schleife wird also 33mal durchlaufen, obwohl sich die Variable `zaehler` bei jedem Durchlauf verändert.

Der in einer FOR-Schleife angegebene Bereich enthält alle Werte, die
größer/gleich dem zuerst angegebenen Wert und kleiner/gleich dem zuletzt angegebenen sind. Schreibt man also zum Beispiel 99 .. 1, so ist
der Bereich leer und die Schleife wird 0 mal durchlaufen. Will man dagegen den Bereich rückwärts durchlaufen lassen, so schreibt man REVERSE
1 .. 99 wie im vorletzten Schleifenbeispiel.

Mit einer WHILE-Schleife läßt man eine Schleife so lange durchlaufen,
wie ein boolescher Ausdruck den Wert `true` hat. Der Ausdruck wird
vor jedem Durchlauf ausgewertet und die Ausführung der Schleife sofort
beendet, wenn er den Wert `false` hat.

Man kann den Kontrollfluß der verschiedenen Formen der LOOP-Anweisung so darstellen:

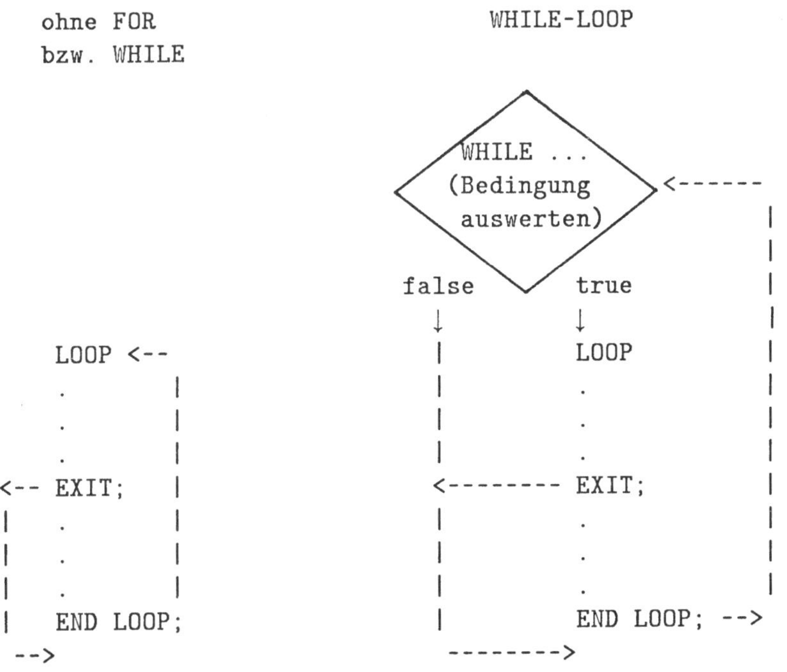

FOR-LOOP

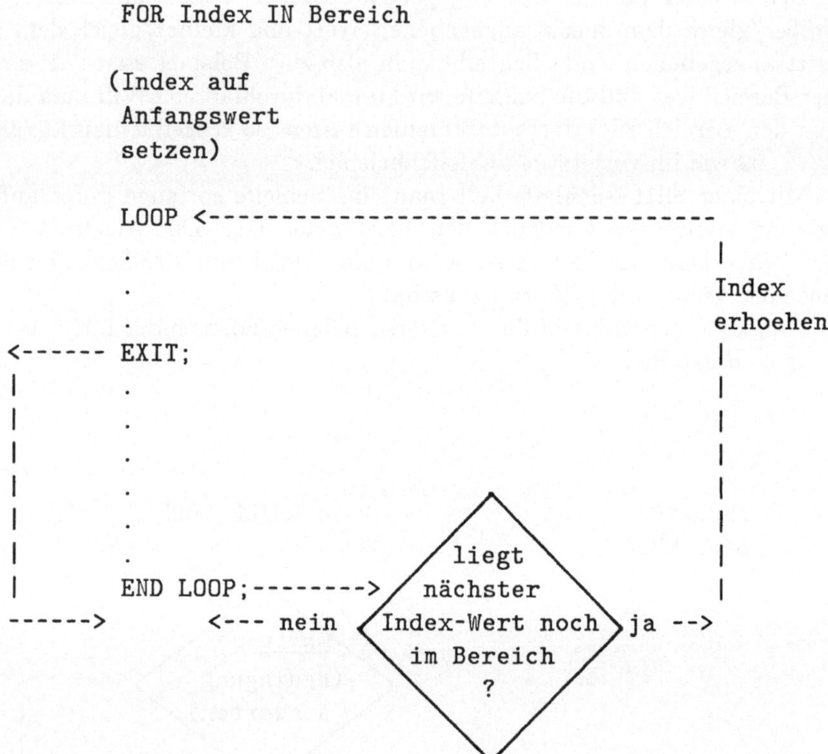

3.7 Strukturiertes Programmieren

Wie am Anfang dieses Kapitels erwähnt, gibt es in Ada auch eine GOTO-Anweisung. In den allermeisten Fällen kann man aber transparenter ohne sie programmieren. In Programmiersprachen, die nicht so viele Möglichkeiten bieten, den Kontrollfluß des Programms zu steuern, ist man auf solche Sprunganweisungen weit mehr angewiesen. Ein Programm, das viele Sprunganweisungen enthält, vor allem dann, wenn Rückwärtssprünge dabei sind, wird sehr leicht unübersichtlich und läßt nicht mehr die globale Kontrollstruktur des dahinterliegenden Algorithmus erkennen.

Wenn man solche Sprunganweisungen analysiert, stellt man meistens fest, daß sie entweder Fallunterscheidungen oder Schleifen (Wiederholungen) implementieren oder aber dazu dienen, solche Schleifen zu verlassen. Das heißt, daß meistens (mehr oder weniger sichtbar) hinter einem Programm mit Sprunganweisungen ein Algorithmus steckt, dessen Kontrollstruktur auch durch Fallunterscheidungen, Schleifen und Sprünge zum Verlassen dieser Schleifen formuliert werden kann. Eine solche Formulierung, die ja Gruppen von Anweisungen als logische Einheit erkennen läßt, ermöglicht damit eine globalere Sicht des Algorithmus als eine Formulierung mit Sprunganweisungen, die ja immer nur einen lokalen Kontrollwechsel ausdrücken.

Nachweislich (siehe zum Beispiel Böhm & Jacopini 1966) reicht zum Beispiel folgender Satz von Kontrollbausteinen aus, um den Kontrollfluß jedes sequentiellen Algorithmus zu programmieren:

- Nacheinanderausführung zweier Programmteile
  — in Ada, wie in den meisten Programmiersprachen, durch Hintereinanderschreiben der Texte der beiden Programmteile ausgedrückt
- Ausführung eines von zwei Programmteilen durch Fallunterscheidung
  — in Ada: IF-Anweisung mit ELSE-Teil bzw. CASE-Anweisung
- Wiederholte Ausführung eines Programmteils (Schleife), wobei vor jeder möglichen Ausführung entschieden wird, ob die Schleife sofort beendet oder weiter ausgeführt wird
  — in Ada: WHILE-LOOP

Da eine solche Formulierung eines Algorithmus seine Struktur besonders einfach erkennen läßt, spricht man vom *strukturierten Programmieren*. Dieser Begriff wurde zuerst von Dijkstra verwendet — siehe zum Beispiel Dijkstra 1972. Zum strukturierten Programmieren gehört auch die Darstellung von Aktionen und Werten durch Unterprogramme, um von ihren Einzelschritten zu abstrahieren. Dabei werden oft Aktionen und Werte auf hoher Abstraktionsebene mit Hilfe von Aktionen und Werten auf tieferer Abstraktionsebene realisiert, die durch geschachtelte Unterprogramme dargestellt werden. Das Thema der Abstraktion durch Unterprogramme sprechen wir erst in Kapitel 5 an.

Eine Kontrollstruktur, die nur durch Fallunterscheidungen (IF- und CASE-Anweisungen in Ada), Schleifen (LOOP-Anweisungen in Ada) und Vorwärtssprünge zum Verlassen von Schleifen (EXIT-Anweisungen in Ada) formuliert ist, ist auch deswegen besonders überschaubar, weil die Reihenfolge der Ausführung, wenn man von Wiederholungen absieht, immer gleich ist: Es geht immer vorwärts.

Folgendes Beispiel eines Algorithmus aus der Zeit vor der Verbreitung der oben skizzierten Überlegungen ist [Knuth 1968, S. 143] entnommen und als Ada-Programm formuliert, wobei die Namen der Variablen und Sprungmarken schon durch aussagekräftigere Namen ersetzt wurden:

```
-------------------------------------------------------------------|
PROCEDURE die_ersten_500_primzahlen_ausdrucken IS
   primzahl : ARRAY (1 .. 500) OF integer;
   kandidat : integer := 3;
   index    : integer := 1;
   faktor   : integer;
BEGIN
   primzahl (1) := 2;
<< naechste_primzahl_suchen >>
   index := index + 1;
   primzahl (index) := kandidat;
   IF index = 500 THEN
       GOTO alle_primzahlen_ausdrucken;
   END IF;
<< naechsten_primzahl_kandidat_pruefen >>
   kandidat := kandidat + 2;
   faktor := 2;
<< faktor_probieren >>
   IF kandidat REM primzahl (faktor) = 0 THEN
       GOTO naechsten_primzahl_kandidat_pruefen;
   END IF;
   IF (kandidat / primzahl (faktor)) <= primzahl (faktor)
       THEN
       GOTO naechste_primzahl_suchen;
   END IF;
   faktor := faktor + 1;
   GOTO faktor_probieren;
<< alle_primzahlen_ausdrucken >>
   NULL;
END die_ersten_500_primzahlen_ausdrucken;
-------------------------------------------------------------------|
```

Diese Formulierung enthält vier GOTO-Anweisungen, von denen drei rückwärts springen. Obwohl der Algorithmus nicht sehr lang ist, ist es schwer,
aus dieser Formulierung seine Struktur zu erkennen. Nach näherem Hin-
sehen erkennt man aber, daß hier drei ineinandergeschachtelte Schleifen durchlaufen werden; diese Struktur kann man transparenter so ausdrücken:

```
-----------------------------------------------------------------|
PROCEDURE die_ersten_500_primzahlen_ausdrucken IS
   anzahl   : CONSTANT integer := 500;
   primzahl : ARRAY (1 .. anzahl) OF integer;
   kandidat : integer := 3;
BEGIN
   primzahl (1) := 2;
   FOR index IN 2 .. anzahl LOOP
      primzahl (index) := kandidat;
      IF index < anzahl THEN
      naechsten_primzahl_kandidat_pruefen :
         LOOP
            kandidat := kandidat + 2;
         faktor_probieren :
            FOR faktor IN 2 .. kandidat LOOP
               IF kandidat REM primzahl (faktor) = 0 THEN
                  EXIT faktor_probieren;
               ELSIF (kandidat / primzahl (faktor)) <=
                  primzahl (faktor)
               THEN
                  EXIT naechsten_primzahl_kandidat_pruefen;
               END IF;
            END LOOP faktor_probieren;

         END LOOP naechsten_primzahl_kandidat_pruefen;

      END IF;
   END LOOP;

   -- alle_primzahlen_ausdrucken

END die_ersten_500_primzahlen_ausdrucken;
-----------------------------------------------------------------|
```

Die empfohlene Einrückung, die man automatisch vom Formatierer erzeugen lassen kann, zeigt die Schachtelung der Schleifen optisch und läßt so die Struktur des Algorithmus noch leichter erkennen.

3.8 Aufgabe 2: LOOP- und EXIT-Anweisungen

Verändern Sie Ihre Lösung zu Aufgabe 1 so, daß Ihr Programm bis zu 10
Zeichen von der Tastatur einliest, wobei für jedes Zeichen nach dem ersten eine Meldung wie in Aufgabe 1 erscheint. Wird die Meldung „Falsche
Reihenfolge!“ ausgegeben, soll sofort danach das Programm beendet werden.

Da Sie schon für die erste Aufgabe eine Programmbibliothek eingerich-
tet haben, brauchen Sie dies jetzt nicht mehr tun; sie können die gleiche
Bibliothek für alle Aufgaben verwenden.

4 Datentypen und -objekte

Der Speicher eines Rechners besteht bekanntlich aus einer (langen) Folge
von Bits (wobei mehrere Bits zusammengefaßt auch als Zahl angesehen
und verarbeitet werden können). Deshalb muß also jede Art von Daten, die in einem Programm vorkommen, intern im Rechner durch eine
Anzahl von Bits dargestellt werden. Die Programmiersprache kann dem
Programmierer aber in mehr oder weniger großem Maße die Organisation
der Abbildung von Daten auf Bits und die damit verbundenen Probleme
abnehmen. Programmiersprachen, die dies nur in geringem Maße tun, be-
lasten den Programmierer zusätzlich und begünstigen deshalb Programmierfehler.

Ada bietet dem Programmierer bei der Organisation der Abbildung
von Daten auf Bits starke Unterstützung durch eine reiche Palette von
Möglichkeiten, selber *Typen* zu vereinbaren. Damit hat der Programm-
mierer die Möglichkeit, die reale Welt (oder genauer, die Aspekte davon,
die für das Programm von Belang sind) natürlich und transparent im
Programm abzubilden.

Um diese Möglichkeit zu nutzen, muß man sich angewöhnen, sich beim
Programmieren nicht gleich in Einzelheiten zu stürzen. Vielmehr sollte
man erst einmal von der wirklichen Struktur der Dinge ausgehen, die
man im Programm darstellen muß, und sich klarmachen, welche Aspekte
dieser Struktur überhaupt für das Programm von Belang sind. Dann
sollte man überlegen, wie diese Teilstruktur mit den Mitteln der Sprache
abgebildet werden kann. Man sollte also versuchen, Dinge (Objekte) in
ihrer Ganzheit im Programm abzubilden und nicht nur isolierte Aspekte
davon.

Gerade erfahrene Programmierer, die von Sprachen herkommen, in denen man nur wenige oder gar keine Möglichkeiten hat, selber Typen zu
bilden, sind diese Vorgehensweise nicht gewohnt, weil sie von den Sprachen, die sie bisher benutzten, nicht unterstützt wird. Hier muß man also
erst umdenken, damit man die Möglichkeiten nutzen kann, transparente
(und damit weniger fehleranfällige und leichter veränderbare) Programme
zu schreiben.

Außer mit der Möglichkeit, eigene Typen zu bilden, unterstützt Ada den Programmierer durch die *strenge Typisierung*:
Jedes Datenobjekt im Programm muß vereinbart werden. Bei der Vereinbarung muß es explizit einem Typ zugeordnet werden, und es bleibt während der gesamten Programmausführung diesem Typ zugeordnet. Es kann niemals durch eine Zuweisung einen Wert eines anderen Typs bekommen; und nur die für diesen Typ zugelassenen Operationen können auf das Datenobjekt angewendet werden.

Da sämtliche Typen schon zur Übersetzungszeit feststehen, werden Fehler, die von Verwechslungen miteinander unverträglicher Dinge herrühren, zur Übersetzungszeit aufgedeckt — vorausgesetzt, der Programmierer nutzt die Möglichkeiten aus, die Ada zur Typvereinbarung bietet. Zum Beispiel wird eine Verwechslung von Ampelfarben und Malfarben vom Compiler aufgedeckt, wenn der Programmierer für Ampelfarben einen anderen Typ vereinbart hat als für Malfarben.

Das heißt, daß alle Daten, die im Programm verwendet werden, vorher durch ihre Vereinbarung (also durch die Zuordnung zu einem Typ) beschrieben werden müssen. Diese Redundanz macht es dem Compiler möglich, Inkonsistenzen zwischen Beschreibung und Verwendung aufzudecken; der Programmierer muß dann entscheiden, ob die Beschreibung oder die Verwendung fehlerhaft ist. Je präziser der Typ gewählt ist, desto eher kann der Compiler mögliche Fehler aufdecken, die auf Unklarheiten beruhen.

Außerdem sorgt die Sprache dafür, daß die Einzelheiten der internen Darstellung von Daten dem Programmierer verborgen bleiben, so daß er im Programm keinen Gebrauch davon machen kann, zum Beispiel indem er Ampelfarben miteinander addiert oder mit der Zahl 1 vergleicht. Voraussetzung ist auch hier, daß er das Typkonzept von Ada ausnutzt, und nicht etwa jedes Datenobjekt als Zahl darstellt.

Was ist ein Typ? Aus den vorangegangenen Bemerkungen sieht man, daß ein Typ nicht nur einen Bereich von Werten beinhaltet, die (Daten-)Objekte dieses Typs annehmen dürfen, sondern auch einen Satz von Operationen, die auf Objekte dieses Typs angewendet werden dürfen. Zum Beispiel darf Addition auf Zahlen angewendet werden aber nicht auf Ampelfarben. Auch wenn man an den Typ integer denkt, der auch in den meisten älteren Sprachen vorhanden ist, wird klar, daß zum Wesen dieses Typs nicht nur der Wertebereich (..., -2, -1, 0, 1, 2, ...) gehört, sondern auch die Möglichkeit, arithmetische Operationen auf die Werte in diesem Bereich anzuwenden. Deshalb besteht ein Typ in Ada aus einem Bereich von Werten, die die Objekte dieses Typs annehmen dürfen, und einem Satz von Operationen, die auf diese Werte angewendet werden dürfen.

In den folgenden Abschnitten werden verschiedene Typen in Ada vorgestellt: Wie man sie selbst vereinbart, wie man Objekte des Typs vereinbart, welche Werte und welche Operationen zum Typ gehören. Zuerst werden die Aufzählungstypen behandelt, weil diese die einfachsten Typen in Ada sind. Die vordefinierten Operationen auf diesen Typen werden dabei recht ausführlich besprochen; dafür fällt die Besprechung der anderen Typen knapper aus, denn vieles, was bei den Aufzählungstypen gesagt wird, gilt für sie genauso. Weitere Möglichkeiten, eigene Typen zu vereinbaren, werden im Fortsetzungsband besprochen.

4.1 Aufzählungstypen

Aufzählungstypen sind dazu gedacht, eine (meist überschaubare) Menge miteinander irgendwie verwandter realer Dinge darzustellen, deren innere Struktur und Beziehung untereinander (abgesehen von einer eventuellen vorgegebenen Reihenfolge) für das Programm ohne Bedeutung ist. Beispiele sind: die Wochentage, die Kinder einer Familie, die Ampelfarben, der ASCII Zeichensatz, die Fenster eines Hauses, die Mannschaften der Bundesliga und so weiter. In Programmiersprachen, die keine Aufzählungstypen kennen, werden solche Dinge im Quellprogramm durch ganze Zahlen dargestellt. Ada kennt natürlich auch numerische Typen, aber man sollte sie nur dann verwenden, wenn die Dinge, die damit dargestellt werden sollen, aus der Sicht des Programms wirklich Zahlen sind.

In den Beispielen in diesem Kapitel werden die Dinge analysiert, die in einem Skatspiel vorkommen; genauer, diejenigen Aspekte dieser Dinge, die für den Spielablauf von Bedeutung sind. Zum Beispiel ist es für den Spielablauf von Bedeutung, daß es vier Kartenfarben gibt (Karo, Herz, Pik und Kreuz), aber es ist für den Spielablauf irrelevant, ob Karo und Herz hellrot oder dunkelrot sind. Zunächst werden die Aspekte analysiert, die sinnvollerweise durch Aufzählungstypen dargestellt werden sollten.

Im Beispiel in diesem Abschnitt wird zunächst ein Aufzählungstyp vereinbart, der die Menge der Kartenfarben darstellt. Die Werte dieses Aufzählungstyps sind die Bezeichner karo, herz, pik, kreuz (in dieser Reihenfolge). (Die Sprache sagt nichts darüber aus, wie diese Werte intern dargestellt werden; im Programm spricht man jeden Wert durch seinen Bezeichner an.) Die Vereinbarung von Variablen des eben vereinbarten Typs unterscheidet sich syntaktisch überhaupt nicht von den bisherigen Vereinbarungen von Variablen vordefinierter Typen.

```
-----------------------------------------------------------------|
PROCEDURE skat IS

   TYPE farben_typ IS (karo, herz, pik, kreuz);

   meine_haeufigste_farbe,
   trumpf_farbe           : farben_typ;
            -- Vereinbarung von Variablen dieses Typs

   TYPE werte_typ IS
      (sieben, acht, neun, bube, dame, koenig, zehn, as);

   SUBTYPE bilder_typ IS werte_typ RANGE bube .. koenig;

   wert_meiner_karte      : werte_typ := as;
   wert_deiner_karte      : bilder_typ := bube;

BEGIN
   meine_haeufigste_farbe := karo;
   trumpf_farbe := 3;   -- inkompatible Typen
                  -- wegen dieses Fehlers lehnt der Com-
                  -- piler diese Prozedur als fehlerhaft ab

   trumpf_farbe := wert_meiner_karte; -- und hier genauso
   wert_deiner_karte := wert_meiner_karte;
           -- Typen kompatibel, also darf der Compiler
           -- dies nicht ablehnen; aber zur Laufzeit wird
           -- constraint_error ausgeloest

   trumpf_farbe := pik;                             -- OK
   wert_meiner_karte := wert_deiner_karte;          -- OK
   IF meine_haeufigste_farbe = trumpf_farbe THEN    -- OK
      wert_meiner_karte := karo;        -- Typen inkompatibel
   END IF;
END skat;
-----------------------------------------------------------------|
```

Die Kartenfarben sind gleichartige Dinge, die für den Spielablauf von
Bedeutung sind, deren innere Struktur (zum Beispiel der graphische Aufbau der Farbensymbole auf den Karten) für den Spielablauf keine Rolle
spielt. Die einzige für den Spielablauf bedeutsame Beziehung zwischen
den Kartenfarben ist die Rangordnung (Karo, Herz, Pik, Kreuz). Deswe-

gen bietet es sich an, die Kartenfarben durch einen Aufzählungstyp darzustellen, wobei man diese Rangordnung in der Reihenfolge der Aufzählung widerspiegeln kann.

Auch bei Aufzählungstypen gilt die strenge Typisierung, wie man in diesem Beispiel sieht: Der Compiler verhindert, daß eine Variable eines Typs mit einem Wert eines anderen Typs verglichen wird oder einen Wert eines anderen Typs bekommt.

Beim Reizen wird jeder Farbe ein Zahlenwert zugeordnet: (Karo: 9, Herz: 10, Pik: 11, Kreuz: 12). Man könnte vielleicht deshalb versucht sein, die Farben gleich mit diesen Zahlen zu identifizieren, also durch einen Zahlentyp darzustellen. Dies wäre aber keine natürliche Darstellung, würde also die Transparenz des Programms beeinträchtigen und darüber hinaus Fehler begünstigen: Der Compiler würde zum Beispiel nicht verhindern, daß zwei Kartenfarben miteinander addiert oder multipliziert werden. Die Zuordnung von Zahlen an Farben läßt sich ohnehin gut durch ein ARRAY darstellen (siehe §4.4).

Analoge Überlegungen führen zu einer Darstellung der Kartenwerte (sieben, acht, neun, Bube, Dame, König, zehn, As) durch einen zweiten Aufzählungstyp.

Bei der Vereinbarung

```
SUBTYPE bilder_typ IS werte_typ RANGE bube .. koenig;
```

wird ein *Untertyp* (*subtype*) des Typs werte_typ vereinbart. Dabei ist

```
RANGE bube .. koenig
```

eine *Bereichseinschränkung* (*range constraint*), die die Werte des Untertyps auf den Bereich bube .. koenig einschränkt; Objekte des Untertyps bilder_typ dürfen also nur die Werte bube, dame und koenig des Typs werte_typ annehmen. Wird irgendwann zur Laufzeit einem solchen Objekt ein anderer Wert zugewiesen, wird die vordefinierte *Ausnahme* (*exception*) constraint_error ausgelöst und das Programm stürzt ab (wenn es, wie alle Beispiele in diesem Buch, keine Ausnahmebehandlung für diese Ausnahme enthält); das heißt, Verletzungen einer Bereichseinschränkung werden (automatisch) sofort gemeldet. Wenn eine solche Verletzung von einem Programmierfehler herrührt, macht dies die Fehlersuche erheblich leichter, als wenn die Verletzung sich erst durch einen Folgefehler bemerkbar macht.

Der Untertyp unterscheidet sich vom *Grundtyp* (*base type*) (hier werte_typ) nur durch die Bereichseinschränkung; die Operationen, die zum Untertyp gehören, sind (bis auf die Bereichseinschränkung) die gleichen.

4.1.1 Vordefinierte Aufzählungstypen

Der vordefinierte Typ boolean kam schon in einigen Beispielen vor. Hinter dem Begriff *vordefiniert* verbirgt sich das *PACKAGE standard*: Pakete (*package*)s allgemein enthalten Vereinbarungen, und PACKAGE standard insbesondere enthält Vereinbarungen, die in jedem Ada-Programm überall gültig sind.

Die Vereinbarung von PACKAGE standard steht im Appendix C von [Ada]. Darin steht als erstes die Vereinbarung des Typs boolean:

```
TYPE boolean IS (false, true);
```

Das heißt, daß boolean ein Aufzählungstyp mit zwei Werten ist; (fast) das einzige, das boolean von einem benutzerdefinierten Aufzählungstyp unterscheidet, ist, daß die Vereinbarung von boolean im PACKAGE standard steht.

Der Typ character, der schon verwendet wurde, ist auch ein vordefinierter Typ, also steht auch seine Vereinbarung im PACKAGE standard. Die Werte dieses Aufzählungstyps sind die Werte des Standard-ASCII-Zeichensatzes, aufgezählt in der Reihenfolge, die den Binärwerten der ASCII-Zeichen entspricht. In dieser Aufzählung sind also die Ziffern, die Großbuchstaben und die Kleinbuchstaben untereinander jeweils auf die übliche Art angeordnet. (Alle) Ziffern liegen vor (allen) Buchstaben, und (alle) Großbuchstaben liegen vor (allen) Kleinbuchstaben.

4.1.2 Operatoren

Zu jedem Typ gehören Operationen, die schon durch die Typvereinbarung implizit vereinbart sind. (Unter „implizit vereinbart" muß man sich vorstellen, daß eine Vereinbarung dieser Operationen direkt nach der Vereinbarung des Typs steht.) Zu diesen Operationen gehören die *vordefinierten Operatoren* (*predefined operators*), die *Zugehörigkeitstests* (*membership tests*) und die *Attribute*; Operatoren und Zugehörigkeitstests werden in diesem Abschnitt besprochen und Attribute im nächsten.

Die vordefinierten Operatoren, die für jeden Aufzählungstyp vereinbart sind, sind =, /=, <, >, <=, >=. Mit diesen Operatoren kann man aus Ausdrücken des Aufzählungstyps Ausdrücke des Typs boolean (oder kurz: boolesche Ausdrücke) bauen. Diese Ausdrücke können zum Beispiel auf der rechten Seite einer Zuweisung an eine Variable des Typs boolean stehen, oder aber in einer IF-Anweisung zwischen IF und THEN (oder zwischen ELSIF und THEN). Die Semantik dieser Ausdrücke ist die intuitiv naheliegende, wobei „<=" für „< oder ="steht, „>=" für „> oder

```
-------------------------------------------------------------|
PROCEDURE skat IS

    TYPE farben_typ IS (karo, herz, pik, kreuz);

    TYPE werte_typ IS
       (sieben, acht, neun, bube, dame, koenig, zehn, as);

    meine_farbe,
    deine_farbe                          : farben_typ;
    mein_wert,
    dein_wert                            : werte_typ;
    meine_karte_ist_besser_als_deine : boolean;

    SUBTYPE bilder_typ IS werte_typ RANGE bube .. koenig;
BEGIN

-- zu jedem Aufzaehlungstyp gibt es
-- die vordefinierten Operatoren =, /=, <, >, <=, >=
-- und die Zugehoerigkeitstests IN, NOT IN.

    IF mein_wert = bube THEN
       IF dein_wert /= bube THEN
          meine_karte_ist_besser_als_deine := true;
       ELSE
          meine_karte_ist_besser_als_deine :=
             meine_farbe > deine_farbe;
       END IF;
    ELSIF dein_wert = bube THEN
       meine_karte_ist_besser_als_deine := false;
    ELSIF meine_farbe = deine_farbe THEN
       meine_karte_ist_besser_als_deine :=
          mein_wert > dein_wert;
    END IF;
    IF mein_wert IN bilder_typ THEN
       NULL; -- dann ist meine Karte bunt
    ELSIF mein_wert NOT IN sieben .. neun THEN
       NULL; -- dann bringt meine Karte jemandem
    END IF;   -- am Spielschluss Punkte
END skat;
-------------------------------------------------------------|
```

=" und „/=" für „nicht =". Dabei bezieht sich „>" bzw. „<" auf die Reihenfolge, in der die Werte des Aufzählungstyps bei seiner Vereinbarung angegeben wurden — zum Beispiel hat pik < kreuz den Wert true, pik < herz und herz < herz dagegen den Wert false.

Die booleschen Ausdrücke

```
mein_wert IN bilder_typ
mein_wert NOT IN sieben .. neun
```

verwenden die Zugehörigkeitstests IN bzw. NOT IN, deren Semantik auf der Hand liegt.

4.1.3 Attribute

In diesem Beispiel sehen Sie eine weitere Sorte vordefinierter Operationen eines Typs: Die *Attribute* (*attribute*) des Typs.

Zu jeder Art von Typ gibt es verschiedene vordefinierte Attribute, die im entsprechenden Abschnitt von [Ada, Kapitel 3] aufgeführt und beschrieben sind. Außerdem sind alle Attribute aller Typen in [Ada, Appendix A] aufgelistet und beschrieben.

Die Attribute haben eine andere Syntax als die Operatoren, in der immer zwischen zwei Bezeichnern das Zeichen „'" (ausgesprochen als „tick" oder „prime") steckt. Dabei ist der Bezeichner nach dem „'" der Name (*Designator*) des Attributs. Das Attribut werte_typ'first ist ein Ausdruck vom Typ werte_typ, der (in diesem Beispiel) den Wert sieben hat, weil sieben der erste Wert in der Aufzählung ist. Das Gegenstück dazu ist werte_typ'last mit dem Wert as.

Wozu diese Attribute, wenn man doch schon die Bezeichner für die Werte sieben und as hat? Durch Benutzung der Attribute kann man Programme wartbarer bzw. wiederverwendbarer machen. Bei dem Beispiel „Skatwerte" springt dies vielleicht nicht so ins Auge, bei einem Zahlenbereich, zum Beispiel

```
SUBTYPE telefonnummern IS integer RANGE 10000 .. 99999;
```

schon eher. Hier sollte man im Programm die letzte Zahl im Bereich nicht mit 99999 ansprechen, sondern statt dessen mit telefonnummern'last; wird das Programm später mal geändert, weil der Bereich erweitert wird, dann muß nur die Vereinbarung von telefonnummern geändert werden.

Es gibt auch Anwendungen, in denen Attribute unumgänglich sind; §5.4 enthält ein solches Beispiel.

Die Attribute 'pred und 'succ stellen nicht Werte, sondern Funktionen zur Verfügung: farben'pred ordnet jedem Wert des Typs farben_typ den vorhergehenden Wert zu (englisch *pred*ecessor = Vorgänger). Wird

```
------------------------------------------------------------|
PROCEDURE skat IS

   TYPE farben_typ IS (karo, herz, pik, kreuz);

   meine_haeufigste_farbe,
   trumpf_farbe                : farben_typ := herz;

   TYPE werte_typ IS
      (sieben, acht, neun, bube, dame, koenig, zehn, as);

   SUBTYPE bilder_typ IS werte_typ RANGE bube .. koenig;

   wert_meiner_karte         : werte_typ;
   wert_deiner_karte         : bilder_typ;
BEGIN

-- Attribute
-- sind weitere vordefinierte Operationen eines Typs :

   wert_meiner_karte := werte_typ'first; -- = sieben
   wert_deiner_karte := bilder_typ'last; -- = koenig
   meine_haeufigste_farbe :=
      farben_typ'pred (trumpf_farbe);

         -- pik, wenn trumpf_farbe = kreuz
         -- herz, wenn trumpf_farbe = pik
         -- karo, wenn trumpf_farbe = herz
         -- constraint_error zur Laufzeit, wenn
                  -- trumpf_farbe = karo

   meine_haeufigste_farbe :=
      farben_typ'succ (trumpf_farbe);

            -- das Gegenstueck zu farben_typ'pred
END skat;
------------------------------------------------------------|
```

farben_typ'pred allerdings für den ersten Wert in der Aufzählung aufgerufen, so wird (automatisch) die vordefinierte Ausnahme constraint_
error ausgelöst, da der erste Wert keinen Vorgänger hat.
farben_typ'succ (englisch *successor* = Nachfolger) ist das Gegenstück

zu `farben_typ'pred`: Es ordnet jedem Werte außer dem letzten den
darauffolgenden Wert zu.

4.2 Boolesche Operatoren

Für den vordefinierten Typ `boolean` sind natürlich auch alle Operatoren
und Attribute vereinbart, die im letzten Abschnitt beschrieben wurden.
Außerdem sind aber für diesen Typ ein weiterer Operator NOT und die
Kurzauswertungsoperatoren (*short circuit control forms*) AND THEN (logisches *und*), OR ELSE (logisches *oder*) vereinbart, mit denen man aus
booleschen Ausdrücken weitere boolesche Ausdrücke bauen kann, wie das
Beispiel in diesem Abschnitt zeigt.

Die Semantik von AND THEN und OR ELSE ist: Bei einem Ausdruck
`ausdruck_1 AND THEN ausdruck_2`   oder

`ausdruck_1 OR ELSE ausdruck_2`

schreibt [Ada] vor, daß zuerst `ausdruck_1` ausgewertet wird, und daß
`ausdruck_2` nur dann ausgewertet wird, wenn der Wert des Gesamtaus-
drucks nicht schon feststeht. Zum Beispiel wird bei

`ausdruck_1 AND THEN ausdruck_2`

`ausdruck_1` zuerst ausgewertet, und `ausdruck_2` nur dann, wenn `aus-
druck_1` den Wert `true` hat.

Es gibt in Ada auch boolesche Operatoren AND und OR, die eine andere
Semantik haben als AND THEN und OR ELSE und erst im Fortsetzungsband
besprochen werden.

Nun erhebt sich bei diesen vielen booleschen Ausdrücken die Frage: Wo
braucht man Klammern und wo keine?

Zunächst zu der Frage, ob man um die rechte Seite einer Zuweisung
oder die boolesche Bedingung in einer IF-Anweisung Klammern schreiben
muß, wenn sie aus einem zusammengesetzten Ausdruck besteht: Hier sind
keine Klammern notwendig, man kann sie aber schreiben, um die Lesbarkeit zu erhöhen ([Ada, §4.4]), wie in diesem Beispiel um die Bedingung
nach dem ELSIF.

Für die Frage nach Klammern *innerhalb* eines booleschen Ausdrucks,
zum Beispiel

```
NOT (dein_wert = bube OR ELSE
     mein_wert <= dein_wert)
```

ist die Rangfolge unter den Operatorsymbolen maßgebend ([Ada, §4.5]).
Da = und <= stärker binden als OR ELSE, sind hier keine Klammern um

```
------------------------------------------------------------|
PROCEDURE boolesche_operatoren IS

   TYPE farben_typ IS (karo, herz, pik, kreuz);

   TYPE werte_typ IS
      (sieben, acht, neun, bube, dame, koenig, zehn, as);

   meine_farbe,
   deine_farbe,
   trumpf_farbe                    : farben_typ;
   mein_wert,
   dein_wert                       : werte_typ;
   meine_karte_ist_besser_als_deine : boolean;
BEGIN

   -- Werte in die Variablen einlesen

   IF mein_wert = bube THEN
      meine_karte_ist_besser_als_deine :=
         dein_wert /= bube          -- wird zuerst ausgewertet
         OR ELSE
         meine_farbe > deine_farbe;    -- wird eventuell
                                       -- nicht ausgewertet

   ELSIF (meine_farbe = trumpf_farbe
                              -- wird zuerst ausgewertet
      AND THEN
      deine_farbe = trumpf_farbe)      -- wird eventuell
                                       -- nicht ausgewertet

   THEN
      meine_karte_ist_besser_als_deine :=
         NOT (dein_wert = bube OR ELSE
         mein_wert <= dein_wert);
   END IF;
END boolesche_operatoren;
------------------------------------------------------------|
```

die Ausdrücke dein_wert = bube und mein_wert <= dein_wert nötig;
man kann aber stets im Interesse der Lesbarkeit zusätzliche Klammern
schreiben. Dagegen sind die im Beispiel tatsächlich vorhandenen Klam-

mern nötig, weil NOT stärker bindet als alle Operatoren in den Klammern. Ließe man die Klammern ganz weg, so würde sich das NOT auf dein_wert beziehen und wäre deshalb fehl am Platz, weil dein_wert kein boolescher Ausdruck ist (diesen Fehler würde also der Compiler aufdecken). Schriebe man andererseits nur um den Ausdruck dein_wert = bube Klammern, so würde sich das NOT auf diesen Ausdruck beziehen. Dieser Fehler würde sich erst zur Laufzeit durch falsche Ergebnisse bemerkbar machen.

4.3 Aufgabe 3: Aufzählungstypen

Anfangskonstellation beim Schach (Die schwarzen Figuren sind durch Fettdruck gekennzeichnet)							
8 Turm	Springer	Läufer	Dame	König	Läufer	Springer	Turm
7 Bauer	Bauer	Bauer	Bauer	Bauer	Bauer	Bauer	Bauer
6 .	.	.	.	.	.	.	.
5 .	.	.	.	.	.	.	.
4 .	.	.	.	.	.	.	.
3 .	.	.	.	.	.	.	.
2 Bauer	Bauer	Bauer	Bauer	Bauer	Bauer	Bauer	Bauer
1 Turm	Springer	Läufer	Dame	König	Läufer	Springer	Turm
A	**B**	**C**	**D**	**E**	**F**	**G**	**H**

Stellen Sie sich vor, daß Sie ein Schachprogramm schreiben sollen. Im Programm interessieren die Gestalt des Bretts und der Figuren nur insoweit, als sie den Ablauf des Spiels nach den Spielregeln berühren. Zum Beispiel sind die Spielfigurenfarben „schwarz" und „weiß" zu unterscheiden (aber nicht die tatsächlichen Farben, die von Spiel zu Spiel verschieden sein können). Analog sind zum Beispiel bei den Spielfiguren die

Formen „Dame" und „Bauer" zu unterscheiden (aber nicht die verschiedenen Gestalten, die ein Bauer in verschiedenen Spielausführungen haben kann). Im Programm brauchen Sie Typen bzw. Untertypen, deren Werte die folgenden Mengen von Dingen darstellen:

- die Farben der Spielfiguren
- die Formen der Schachfiguren
- die Namen der „Zeilen" des Schachbretts
- die Namen der „Spalten" des Schachbretts
- die Zustände „belegt" und „nicht belegt" eines Felds auf dem Schachbrett

Die Struktur einer Zeile als Folge einzelner Quadrate ist für den Spielablauf von Belang und kann durch Typen dargestellt werden, die im nächsten Abschnitt eingeführt werden. Um solche Typen zu bauen, muß man aber die Zeilen und Spalten benennen können; man braucht also einen Typ, dessen Werte die *Namen* der Zeilen sind (und einen Typ, dessen Werte die Namen der Spalten sind). Diese *Namen* haben (außer der vorgegebenen Reihenfolge) keine Struktur, die für den Spielablauf von Belang ist. Im Gegensatz dazu haben die Namen der Positionen auf dem Schachbrett, zum Beispiel „A4", eine Struktur, die für den Spielablauf relevant ist: Sie bestehen aus zwei Komponenten, zum Beispiel besteht „A4" aus den Komponenten „A" und „4", die eine Spalte bzw. eine Zeile identifizieren.

Schreiben und übersetzen Sie eine Prozedur schach, in deren Vereinbarungsteil diese Typen bzw. Untertypen vereinbart sind (sofern sich vordefinierte Typen nicht eignen). Vereinbaren Sie ein Objekt von jedem dieser Typen und initialisieren Sie es mit einem passenden Wert.

4.4 ARRAY-Typen

Die Werte eines Aufzählungstyps sind für das Programm unzerlegbar (auch wenn sie intern durch mehrere Bits dargestellt werden). Dagegen setzen sich die Werte *zusammengesetzter Typen* (*composite types*) aus *Komponenten*werten zusammen, die Werte einfacherer Typen sind.

Ada kennt zwei Arten zusammengesetzter Typen: ARRAY-Typen und RECORD-Typen. Die Werte eines ARRAY-Typs sind aus mehreren gleichartigen Komponenten zusammengesetzt, wobei jede Komponente einem *Index* zugeordnet wird. Mit solchen Objekten kann man zum Beispiel Tabellen mit gleichartigen Einträgen darstellen.

```ada
------------------------------------------------------------|
PROCEDURE skat IS

   TYPE werte_typ IS
      (sieben, acht, neun, bube, dame, koenig, zehn, as);

   TYPE punkte_typ IS ARRAY (werte_typ)
      OF integer RANGE 0 .. 11;

   punkte_fuer          : CONSTANT punkte_typ :=
      (sieben .. neun => 0, bube => 2          ,
       dame => 3             , koenig => 4      ,
       zehn => 10            , as => 11         );

   TYPE blatt_werte_typ IS ARRAY (werte_typ) OF boolean;

   ich_habe_karo        : blatt_werte_typ :=
      (sieben | neun | bube | koenig => true,
       acht | zehn | dame | as => false);

   TYPE haufen_typ IS ARRAY (werte_typ)
      OF integer RANGE 0 .. 4;

   mein_haufen          : haufen_typ :=
      (sieben .. neun => 1, bube .. as => 3);
   anzahl_karo_karten,
   meine_punkte         : natural := 0;
BEGIN
   ich_habe_karo (neun) := true;      -- so spricht man
   ich_habe_karo (koenig) := true;    -- eine Komponente
   mein_haufen (koenig) := 4;         -- eines ARRAYs an
   FOR wert IN werte_typ LOOP
      IF ich_habe_karo (wert) THEN
         anzahl_karo_karten := anzahl_karo_karten + 1;
      END IF;
   END LOOP;
   FOR wert IN punkte_typ'range LOOP
      meine_punkte := meine_punkte +
         mein_haufen (wert) * punkte_fuer (wert);
   END LOOP;
END skat;
------------------------------------------------------------|
```

Der Typ `punkte_typ` im Beispiel in diesem Abschnitt ordnet jedem Index im Typ `werte_typ` eine ganze Zahl zwischen 0 und 11 zu. Man kann sich ein Objekt dieses Typs also als Tabelle mit acht Spalten vorstellen, wobei jede Spalte als Überschrift einen Kartenwert hat (zum Beispiel `bube`) und als Eintrag eine Anzahl von Punkten. Zum Beispiel kann man sich das Objekt `punkte_fuer` so vorstellen:

sieben	acht	neun	bube	dame	koenig	zehn	as
0	0	0	2	3	4	10	11

Dieses Objekt ordnet also jedem Kartenwert eine Punktezahl zu. Analog ordnet der Typ `haufen_typ` jedem Kartenwert eine Zahl zwischen 0 und 4 zu; mit einem Objekt dieses Typs, zum Beispiel `mein_haufen`, kann man die Häufigkeit der verschiedenen Kartenwerte im Haufen eines Spielers darstellen.

Das Objekt `ich_habe_karo` dagegen ordnet jedem Kartenwert einen Wert des Typs `boolean` zu, also den Wert `true` oder `false`. Dieses Objekt soll darstellen, welche Werte der Farbe karo im Blatt eines Spielers sind:

sieben	acht	neun	bube	dame	koenig	zehn	as
true	false	true	true	false	true	false	false

Durch ein ARRAY dieses Typs kann man also eine Menge von Kartenwerten darstellen; die Variable `ich_habe_karo` stellt zunächst die Menge {sieben, neun, bube, koenig} dar.

Eine Komponente eines ARRAY-Objekts spricht man mit Klammerschreibweise an, zum Beispiel die Komponente des ARRAYs `ich_habe_karo`, die dem Index `neun` entspricht, mit `ich_habe_karo (neun)`. Die erste LOOP-Anweisung berechnet die Anzahl von Karo-Karten in der Menge von Karo-Karten, die `ich_habe_karo` darstellt.

Man kann auch einen ganzen ARRAY-Wert durch ein *Aggregat* (*aggregate*) direkt angeben, wie im Vereinbarungsteil dieses Beispiels die Initialwerte der drei ARRAY-Objekte. Mit Hilfe eines solchen Aggregats kann man mit einer Zuweisung alle Komponenten eines ARRAYs mit Werten besetzen, wobei man wie bei der CASE-Anweisung mehrere Indexwerte mit „|" und/oder „.." zusammenfassen kann.

Auch für ARRAY-Typen gibt es vordefinierte Operatoren (s. [Ada, §4.5]) und Attribute (s. [Ada, §3.6.2]). Das Attribut 'range, das in der zweiten LOOP-Anweisung erscheint, ergibt den Indexbereich des Typs. Hier ist also

```
punkte_typ'range = punkte_typ'first .. punkte_typ'last
```

wobei `punkte_typ'first = werte_typ'first` und `punkte_typ'last = werte_typ'last`. In diesem Beispiel ist `punkte_typ'range` gleichbedeutend mit `werte_typ`. Es gibt aber Situationen (s. §5.4), in denen ARRAY-Attribute unumgänglich sind.

4.4.1 Mehrdimensionale Arrays

Die bisher vorgestellten ARRAY-Typen waren *eindimensional* (*one-dimensional*), das heißt, ihre Werte konnte man sich als Vektoren oder als eindimensionale Tabellen vorstellen (also als Tabellen, die außer der Überschriftszeile nur eine Zeile enthalten). Man kann in Ada auch komplexere Tabellen darstellen: Zweidimensionale Tabellen (also Tabellen mit mehreren Zeilen und Spalten) durch zweidimensionale ARRAYs oder Matrizen, und höherdimensionale Tabellen (zum Beispiel solche, die man dreidimensional darstellen müßte) durch höherdimensionale ARRAYs oder Matrizen.

Im Beispiel `skat_karten` soll die Anfangsaufteilung der Skatkarten dargestellt werden: Beim Geben werden die 32 Karten so verteilt, daß jeder der drei Spieler zehn Karten bekommt und zwei Karten auf dem Skat bleiben. Hier muß man also jeder Karte einen „Haufen" (`spieler_1`, `spieler_2`, `spieler_3` oder `skat`) zuordnen. Da aber jede Karte durch zwei Informationen (Farbe, Wert) identifiziert wird, stellt man eine solche Zuordnung am besten durch eine zweidimensionale Tabelle dar (hier wurde aus Platzgründen statt spieler_1, spieler_2 und spieler_3 1, 2 bzw. 3 in die Tabelle eingetragen):

	sieben	acht	neun	bube	dame	koenig	zehn	as
karo	1	1	1	1	1	1	1	1
herz	2	3	1	2	3	2	2	skat
pik	1	3	skat	2	3	3	3	3
kreuz	3	3	3	2	2	2	2	2

```
-----------------------------------------------------------------|
PROCEDURE skat_karten IS

   TYPE farben_typ IS (karo, herz, pik, kreuz);

   TYPE werte_typ IS
        (sieben, acht, neun, bube, dame, koenig, zehn, as);

   TYPE blatt_typ IS
                   (spieler_1, spieler_2, spieler_3, skat);

   TYPE karten_aufteilungs_typ IS
     ARRAY (farben_typ, werte_typ) OF blatt_typ;

   wo_ist : karten_aufteilungs_typ :=
     (karo =>
         (werte_typ'first .. werte_typ'last => spieler_1),
      herz =>
         (sieben | zehn | koenig | bube => spieler_2,
          acht | dame => spieler_3,
          neun => spieler_1, as => skat),
      pik =>
         (sieben => spieler_1,
          bube => spieler_2,
          neun => skat,
          acht | zehn | dame | koenig | as => spieler_3),
      kreuz =>
          (sieben .. neun => spieler_3,
           bube .. as => spieler_2));
BEGIN
   wo_ist (kreuz, zehn) := skat;
   wo_ist (herz, as) := spieler_2;
END skat_karten;
-----------------------------------------------------------------|
```

Eine solche Tabelle kann man in Ada durch einen zweidimensionalen
ARRAY-Typ darstellen, also durch einen ARRAY-Typ mit zwei Indizes statt einem: Ein Index für die Zeilen der Tabelle (die hier den Farben
entsprechen) und einer für die Spalten (die hier den Werten entsprechen).
Dieses Beispiel zeigt, wie man einen solchen ARRAY-Typ vereinbart, wie
man Aggregate eines solchen Typs schreibt, und wie man einzelne Komponenten eines Objekts dieses Typs anspricht.

4.4.2 Uneingeschränkte ARRAY-Typen

In den bisherigen Beispielen von ARRAY-Typen hatte jedes Objekt des Typs die gleiche Anzahl von Komponenten (nämlich so viele, wie der Indexbereich Werte hat). Dies ist manchmal sehr hinderlich.

Zum Beispiel ist eine Zeichenkette eine Folge von einzelnen Zeichen; es bietet sich also an, den Typ `string` etwa so zu vereinbaren:

```
TYPE string IS ARRAY (...) OF character;
```

Mit den bisherigen Mitteln müßte man aber viele solche Typen vereinbaren; für jede denkbare Länge einen. Für solche Fälle erlaubt Ada *uneingeschränkte ARRAY-Typen* (*unconstrained array types*): Man schreibt in der Typvereinbarung statt eines festen Indexbereichs indextyp RANGE <>; dies bedeutet, daß verschiedene Objekte dieses Typs verschiedene Indexbereiche haben können. Der Indexbereich jedes solchen Objekts ist aber immer

- ein Untertyp des Indextyps, also ein zusammenhängender (eventuell leerer) Teilbereich; und
- schon bei der Vereinbarung des Objekts ein- für allemal festgelegt, kann also nicht zur Laufzeit verändert werden.

Konkret sieht das, zum Beispiel beim (vordefinierten) Typ `string`, so aus: Die Vereinbarung des Typs (in `PACKAGE standard`) lautet:

```
TYPE string IS ARRAY (positive RANGE <>) OF character;
```

wobei `positive` ein vordefinierter Untertyp von `integer` ist (s. `PACKAGE standard`). Bei einer Objektvereinbarung dieses Typs muß immer der Indexbereich festgelegt werden, wie in diesem Beispiel; und jeder Versuch, einen Indexwert anzusprechen, der nicht in diesem Bereich liegt, löst zur Laufzeit `constraint_error` aus, genau so wie jeder Versuch, diesem Objekt einen ARRAY-Wert mit einer zu kleinen oder zu großen Anzahl von Komponenten zuzuweisen.

Der Typ `blatt_werte_typ` in diesem Beispiel stellt Mengen von Kartenwerten in einer Weise dar, die der Mengenschreibweise (zum Beispiel {sieben, dame, as}) entspricht: Aus der Aufzählung der Elemente der Menge wird ein ARRAY gewonnen, indem man dem Index 1 den ersten Wert in der Aufzählung zuordnet, dem Index 2 den zweiten und so weiter. Zum Beispiel würde man die Menge {sieben, dame, as} durch den ARRAY-Wert (1 => sieben, 2 => dame, 3 => as) darstellen. Da eine Menge von Kartenwerten aber 0, 1, 2, 3, 4, 5, 6, 7 oder 8 Werte enthalten kann, kann man zur Darstellung beliebiger solcher Mengen keinen festen Indexbereich verwenden; auch hier bietet sich ein uneingeschränkter ARRAY-Typ an.

```
-----------------------------------------------------------------|
PROCEDURE uneingeschraenkte_array_typen IS

   -- ein vordefinierter uneingeschraenkter ARRAY-Typ:

   mein_name        : string;                   -- nicht erlaubt*
   dein_name        : string (1 .. 6);          -- OK
   anzahl_karten    : natural;


   TYPE werte_typ IS
        (sieben, acht, neun, bube, dame, koenig, zehn, as);


   SUBTYPE anzahl_karten_im_blatt IS integer RANGE 0 .. 10;


   TYPE blatt_werte_typ IS
     ARRAY (anzahl_karten_im_blatt RANGE <>) OF werte_typ;
                              -- uneingeschraenkter ARRAY-Typ


   karos_im_blatt  : blatt_werte_typ;         -- nicht erlaubt*
   herzen_im_blatt : blatt_werte_typ (1 .. 4);          -- OK
   kreuze_im_blatt : blatt_werte_typ (1 .. 0);          -- OK
                                      -- (null Array)


BEGIN
   dein_name := "Martin";        -- OK
   dein_name := "Christopher" ; -- (constraint_error
   dein_name := "Robin" ;        -- (zur
   dein_name (21) := 'x';        -- (Laufzeit
   dein_name (3)  := 'x';        -- OK


   herzen_im_blatt (1) := as;    -- OK
   herzen_im_blatt (2) := 7;     -- inkompatible Typen*
   herzen_im_blatt (5) := bube; -- Typen OK, aber
      -- zur Laufzeit wird constraint_error ausgeloest


   anzahl_karten := herzen_im_blatt'length; -- = 4
   anzahl_karten := kreuze_im_blatt'length; -- = 0
END uneingeschraenkte_array_typen;


-- * Wegen jedem dieser Fehler lehnt der Compiler
--   diese Uebersetzungseinheit als inkorrekt ab
-----------------------------------------------------------------|
```

Am Schluß dieses Beispiels sieht man ein ARRAY-Attribut: `'length:` Für ein ARRAY-Objekt ist `objekt'length` die Anzahl der Werte im Indexbereich. In §5.4 werden weitere ARRAY-Attribute vorgestellt.

Ada hat keinen vordefinierten Typ `complex`; da aber eine komplexe Zahl aus zwei reellen Zahlen besteht, nämlich aus dem reellen und dem imaginären Teil, kann man diesen Typ als ARRAY-Typ mit zwei Komponenten vereinbaren. Die arithmetischen Operationen, die man zu diesem Typ braucht, vereinbart man zweckmäßigerweise mit dem Typ in einem Paket; dies wird im Fortsetzungsband besprochen.

4.5 Aufgabe 4: ARRAY-Typen

Erweitern Sie den Vereinbarungsteil Ihrer Lösung von Aufgabe 3 um einen Typ, dessen Werte jedem Feld einer festen Zeile eine Spielfiguren-Form zuordnet. Vereinbaren Sie ein Objekt `zeile_8` dieses Typs und sorgen Sie dafür, daß `zeile_8` so initialisiert wird, daß es jedem Feld die Form derjenigen Schachfigur zuordnet, die am Spielbeginn an entsprechender Stelle in der Zeile 8 steht (s. Bild in §4.3).

Sie sollen ein Objekt vereinbaren, das darstellt, wieviele von jeder Art von Spielfigur noch im Spiel sind — zum Beispiel wieviele schwarze Bauern, wieviele weiße Türme etc. Vereinbaren Sie einen entsprechenden Typ und ein Objekt `anzahl_im_spiel` dieses Typs und initialisieren sie `anzahl_im_spiel` so, daß es die Lage am Spielbeginn darstellt.

Erweitern Sie den Vereinbarungsteil weiter um einen Typ, dessen Werte eine augenblickliche Belegung des Schachbretts darstellen, wobei für jedes Feld nur die Information „besetzt: ja oder nein" dargestellt wird. Vereinbaren Sie ein Objekt `ist_belegt` dieses Typs und sorgen Sie dafür, daß `ist_belegt` so initialisiert wird, daß es die Startbelegung beim Schachspiel darstellt.

Im Anweisungsteil ihrer Prozedur:

- verändern Sie `zeile_8` so, daß die Dame und der König die Plätze tauschen;

- schreiben Sie Anweisungen, die bewirken, daß in `ist_belegt` das Feld in der Spalte „C" und der siebten Zeile als belegt gekennzeichnet wird, wenn `anzahl_im_spiel` anzeigt, daß noch sechs oder mehr schwarze Bauern im Spiel sind.

4.6 RECORD-Typen

Im Gegensatz zu den Werten eines ARRAY-Typs sind die Werte eines RECORD-Typs aus verschiedenartigen Komponenten zusammengesetzt, wobei jede Komponente durch einen Namen identifiziert wird.

RECORD-Typen verwendet man, um im Programm reale Objekte darzustellen, die (aus der Sicht des Programms) aus verschiedenartigen Komponenten zusammengesetzt sind. Will man zum Beispiel den Ablauf eines Skat-Spiels nach den Skat-Regeln darstellen, so wird man jede Karte mit zwei Informations-Komponenten identifizieren, nämlich mit Farbe und Wert der Karte. Man könnte zwar Farbe und Wert jeweils durch ganze Zahlen darstellen und, aufbauend auf dieser Darstellung, eine Karte durch ein ARRAY zweier Zahlen. Das hieße aber, die Abbildung Daten auf Bits unnötigerweise selber zu organisieren und dadurch das Programm weniger transparent (und deshalb fehleranfälliger) zu machen. Außerdem sind Farbe und Wert verschiedenartige Eigenschaften und sollten deshalb durch verschiedene Typen dargestellt werden. Hier liegt es also nahe, einen RECORD-Typ zu vereinbaren.

Zwischen RECORD und END RECORD stehen die Vereinbarungen der Komponenten dieses Typs; sie sehen aus wie Objektvereinbarungen, wobei der Bezeichner links aber der Komponentenname ist. Diese Vereinbarung bedeutet also: Der Typ skat_karten_typ hat zwei Komponenten: Eine Komponente farbe vom Typ farben_typ und eine Komponente wert vom Typ werte_typ.

Bei jedem Objekt des Typs skat_karten_typ kann man diese Komponenten ansprechen, wobei statt Klammern (wie bei ARRAYs) ein Punkt verwendet wird: skat_karte.farbe ist die Komponente farbe des Objekts skat_karte.

Ähnlich wie bei ARRAYS kann man einen ganzen RECORD-Wert durch ein *Aggregat* (*aggregate*) direkt angeben, wie in diesem Beispiel.

Daß die Komponenten von ARRAY- und RECORD-Typen auch wieder zusammengesetzte Objekte sein können, sieht man an den Beispielen blatt_typ und ausgangslage_typ. Die Komponenten der Objekte dieser Typen (zum Beispiel ausgangslage.spieler_3) haben wiederum Komponenten (zum Beispiel ausgangslage.spieler_3(4)), die man mit der schon vorgestellten Notation ansprechen kann.

```
-----------------------------------------------------------------|
PROCEDURE record_typen IS

   TYPE farben_typ IS (karo, herz, pik, kreuz);

   TYPE werte_typ IS
          (sieben, acht, neun, bube, dame, koenig, zehn, as);

   TYPE skat_karten_typ IS
      RECORD
          farbe : farben_typ;
          wert  : werte_typ;
      END RECORD;


   skat_karte   : skat_karten_typ;

   SUBTYPE anzahl_karten_im_blatt IS integer RANGE 1 .. 10;

   TYPE blatt_typ IS ARRAY (anzahl_karten_im_blatt)
                   OF skat_karten_typ;

   TYPE skat_typ IS ARRAY (1 .. 2) OF skat_karten_typ;

   TYPE ausgangslage_typ IS
      RECORD
          spieler_1,
          spieler_2,
          spieler_3 : blatt_typ;
          skat      : skat_typ;
      END RECORD;

   ausgangslage : ausgangslage_typ;
BEGIN
   skat_karte := (farbe => kreuz, wert => bube);
                   -- Aggregat des RECORD-Typs skat_karten_typ

   IF skat_karte.wert = dame THEN -- so spricht man
      skat_karte.farbe := herz;    -- Komponenten
                                   -- eines RECORD-Objekts an
   END IF;
   ausgangslage.skat (1) := (farbe => pik, wert => sieben);
   ausgangslage.spieler_3 (4).farbe := karo;
   ausgangslage.spieler_2 (6).wert := neun;
END record_typen;
-----------------------------------------------------------------|
```

4.7 RECORD-Typen mit Diskriminanten

Manchmal ist es sinnvoll, einen RECORD-Typ zu vereinbaren, der von Fall zu Fall verschiedene Gestalten annehmen kann. Wenn man zum Beispiel einen Typ bilden möchte, der die Informationen darstellt, die vor dem ersten Stich in einem Skatspiel jedem Spieler zugänglich sind, dann braucht dieser Typ meistens eine Komponente, die die gewählte Trumpffarbe darstellt; aber nur dann, wenn nicht Grand oder Null gespielt wird. Wenn allerdings Grand oder Null gespielt wird, braucht man eine zusätzliche Komponente, die anzeigt, ob ouvert gespielt wird oder nicht.

Für solche Strukturen gibt es in Ada RECORD-Typen mit *Diskriminanten* (*discriminants*); die Diskriminanten eines solchen Typs sind spezielle RECORD-Komponenten, deren Wert sich auf die Gestalt des Objekts auswirkt. Wenn, wie in diesem Beispiel, der Wert einer Diskriminanten darüber entscheidet, ob bestimmte Komponenten überhaupt vorhanden sind, spricht man von einem RECORD-Typ mit *variantem Teil* (*variant part*). Der variante Teil ist durch CASE ... END CASE; geklammert und definiert alternative Komponenten je nach Wert der Diskriminanten (dabei entspricht die Syntax der der CASE-Anweisung).

Man kann bei der Typvereinbarung Vorbesetzungswerte für die Diskriminanten angeben (hier der Wert false). Dann (und nur dann) erhält jedes Objekt des Typs zwar zunächst diese Werte für die Diskriminanten (falls nicht explizit initialisiert wird), kann aber später durch eine Zuweisung *an das ganze Objekt* andere Diskriminantenwerte bekommen.

Dieser Mechanismus ist aber *nicht* dazu gedacht, die strenge Typisierung zu umgehen und eine Komponente eines Typs als Komponente eines anderen Typs anzusehen, indem man die Diskriminante(n) verändert und die restlichen Komponenten stehen läßt; die Sprache verbietet dies und sorgt auf verschiedene Weise dafür, daß es nicht passieren kann:

- Eine Zuweisung an eine Diskriminante allein wird vom Compiler abgelehnt (Diskriminanten dürfen nur durch Veränderung des Wertes des ganzen Objekts verändert werden);
- ein RECORD-Aggregat eines RECORD-Typs mit Diskriminanten wird vom Compiler abgelehnt, wenn er Komponenten enthält, die bei den angegebenen Diskriminanten gar nicht vorhanden sind; und
- eine Zuweisung an eine Komponente, die es bei den aktuellen Diskriminantenwerten gar nicht gibt, löst zur Laufzeit constraint_error aus.

Das heißt in diesem Beispiel, daß der Compiler Zuweisungen an die Diskriminante grand_oder_null verbietet, daß er die letzte Zuweisung ablehnt, und daß das Ausführen der Zuweisung

```
------------------------------------------------------------------|
PROCEDURE record_typen_mit_diskriminanten IS

   TYPE farben_typ IS (karo, herz, pik, kreuz);

   TYPE lage_typ (grand_oder_null : boolean := false) IS
      RECORD
         gereizt : integer RANGE 18 .. 360;
         hand    : boolean;
         CASE grand_oder_null IS
            WHEN true =>
                ouvert : boolean;

            WHEN false =>
                trumpf_farbe : farben_typ;

         END CASE;
      END RECORD;


   lage : lage_typ;
BEGIN
   lage.gereizt := 36;
   lage.trumpf_farbe := herz;
   lage.grand_oder_null := true;                    -- verboten*
   lage.ouvert := true;       -- constraint_error zur Laufzeit
   lage :=
      (grand_oder_null => true, hand  => false,
       gereizt => 36          , ouvert => false);       -- OK
   lage :=
      (grand_oder_null => true, hand => true  ,
       ouvert => true          , gereizt => 35 );        -- OK
   lage := (grand_oder_null => true,
           hand => false,        -- hier fehlt
           gereizt => 36);       -- die Zuordnung an ouvert*
   lage :=
      (grand_oder_null => true, hand   => false,
       gereizt => 36          , ouvert => false,
       trumpf_farbe => pik);
                   -- Zuordnung an trumpf_farbe hier verboten*

END record_typen_mit_diskriminanten;


-- * wegen jedem dieser Fehler lehnt der Compiler die
--   Übersetzungseinheit ab
------------------------------------------------------------------|
```

```
lage.ouvert := true;
```

`constraint_error` auslöst, wenn `lage.grand_oder_null` den Wert `false` hat (aber sonst nicht).

Es gibt Mittel in Ada, um die strenge Typisierung dort, wo es sinnvoll ist, zu überwinden; diese werden erst im Fortsetzungsband besprochen.

4.8 Aufgabe 5: RECORD-Typen

Erweitern Sie den Vereinbarungsteil Ihrer Lösung von Aufgabe 4 um einen Typ, dessen Werte jeweils eine Spielfigur im Schachspiel darstellen. Vereinbaren Sie eine Konstante dieses Typs, die einen weißen Bauern darstellt.

Vereinbaren Sie ferner einen Typ, dessen Werte jeweils den Inhalt eines Feldes auf dem Schachbrett darstellen. (Jedes Feld kann leer sein oder eine beliebige Schachfigur enthalten.)

	Belegung des Schachbretts						
8	.	.	.	.	.	.	.	.
7	Bauer	Bauer	Bauer	Bauer	Bauer	Bauer	Bauer	Bauer
6	.	.	.	.	.	.	.	.
5	.	.	.	.	.	.	.	.
4	.	.	.	.	.	.	.	.
3	.	.	.	.	.	.	.	.
2	Bauer	Bauer	Bauer	Bauer	Bauer	Bauer	Bauer	Bauer
1	.	.	.	.	.	.	.	.
	A	B	C	D	E	F	G	H

Vereinbaren Sie nun einen Typ, dessen Werte Belegungen des Schachbretts darstellen (also gibt ein Wert dieses Typs Auskunft darüber, welchen Inhalt jedes einzelne Feld des Schachbretts hat). Vereinbaren Sie ein Objekt `brett_belegung` dieses Typs und initialisieren Sie dieses Objekt (im Vereinbarungsteil der Prozedur) so, daß es die unten abgebildete Belegung darstellt.

Vereinbaren Sie einen Typ, dessen Werte jeweils die Lage eines Feldes auf dem Schachbrett darstellen. Das heißt, jeder Wert dieses Typs identifiziert die Position (aber nicht den Inhalt) *eines* Feldes. Vereinbaren und initialisieren Sie ein Objekt `lage` dieses Typs.

Die Regel für den Standardzug eines weißen Bauern ist: Ein weißer Bauer darf auf das benachbarte Feld in der Zeile mit der nächsthöheren Nummer ziehen (sofern dort nicht schon eine Figur steht). Schreiben Sie in den Anweisungsteil Ihrer Prozedur Anweisungen, die folgendes bewirken: Wenn auf dem Feld `lage` ein weißer Bauer steht und der oben beschriebene Standardzug für ihn möglich ist, wird dieser am Objekt `brett_belegung` ausgeführt; sonst bleibt `brett_belegung` unverändert.

4.9 Vordefinierte Zahlentypen

```
-------------------------------------------------------------------|
PROCEDURE vordefinierte_zahlentypen IS
   a, b, c : integer; -- vordefinierter ganzzahliger Typ
   d, e, f : float;   -- vordefinierter Gleitpunkttyp
BEGIN
   a := 3;  -- 3 und 7 sind ganzzahlige Literale
   b := 7;
   c := ABS ((a + b ** 4) * 99 - 67) / 67 REM 3;

       -- das sind einige Operatoren des Typs integer

   d := 3.1728;  -- 3.1728; und 7.0 sind reelle Literale
   e := 7.0;
   f := d ** b * ABS (d / e - (d + e));

       -- das sind einige Operatoren des Typs float

END vordefinierte_zahlentypen;
-------------------------------------------------------------------|
```

Ada kennt mindestens zwei vordefinierte numerische Typen: Den ganzzahligen Typ `integer` und den Gleitpunkttyp `float`. Die vollständige Beschreibung der vordefinierten Operatoren dieser Typen ist in [Ada, §4.5]

zu finden. Die Benutzung dieser vordefinierten numerischen Typen ist in
der Regel nicht zu empfehlen, weil sich bei jeder Implementierung etwas
anderes dahinter verbirgt; das heißt, der Wertebereich von `integer` und
die Genauigkeit von `float` sind von Implementierung zu Implementierung verschieden. Dafür kann man in Ada benutzerdefinierte numerische
Typen vereinbaren, deren Eigenschaften man auf maschinenunabhängige
Art festlegen kann. Dieses Thema wird aber erst im Fortsetzungsband
behandelt.

Die Vereinbarung einer Variablen oder Konstanten eines vordefinierten
Zahlentyps sieht genauso aus wie die Vereinbarung einer Variablen eines
benutzerdefinierten Typs.

In Ada heißen direkt angegebene konstante Werte *Literale*. In diesem
Beispiel sieht man einige *ganzzahlige* und einige *reelle Literale*. Reelle
literale unterscheiden sich von ganzzahligen dadurch, daß sie einen De-
zimalpunkt enthalten, ganzzahlige dagegen nicht. Auch hier gilt das
Prinzip der strengen Typisierung: Ganzzahlige Literale (also solche ohne
Punkt) dürfen nur ganzzahligen Variablen (zum Beispiel solchen vom Typ
`integer`) zugewiesen werden und reelle Literale (also solche mit Punkt)
nur reellen Variablen (zum Beispiel solchen vom Typ `float`); eine Zuweisung, die diese Regel verletzt, wird vom Compiler abgelehnt.

5 Unterprogramme

Unterprogramme sollen in Ada komplexe Aktionen oder Werte verkörpern, so daß derjenige, der diese Aktion ausführen läßt oder den Wert verwendet, dies über eine festgelegte Schnittstelle zum Unterprogramm tut und sich um die Einzelschritte der Aktion bzw. der Berechnung des Wertes nicht kümmern muß und auch nicht kümmern kann.

Das heißt, es geht darum, eine Aktion (zum Beispiel „Namensliste sortieren") oder einen Wert (zum Beispiel „Längster Name in der Liste"), die in der realen Welt als zusammenhängendes Ganzes gesehen wird, auch im Programm so darzustellen (also von den Einzelschritten in der Ausführung der Aktion oder der Berechnung des Wertes zu abstrahieren), daß das Programm insgesamt transparent (und damit auch weniger fehleranfällig) ist.

Eine solche Schnittstelle hilft auch, doch noch vorhandene Fehler zu lokalisieren, denn bei der Definition der Schnittstelle legt man meist fest, was man vom Unterprogramm erwartet: Unter welchen Vorbedingungen es welche Leistungen erbringen soll. Wenn nun die Vorbedingungen erfüllt sind, die Leistung aber nicht erbracht wird, dann ist offensichtlich der Fehler im Unterprogramm zu suchen; anderenfalls liegt er außerhalb des Unterprogramms.

In Ada gibt es, wie in vielen anderen Sprachen, zwei Arten von Unterprogrammen: *Prozeduren* und *Funktionen*. Prozeduren verkörpern Aktionen; Funktionen dagegen verkörpern Werte.

Zur Schnittstelle einer Funktion gehört neben dem Namen der Funktion immer auch das Ergebnis (der Wert), das die Funktion liefert. Dies ist eine Information, die die Funktion nach außen gibt; sie fließt also *aus* der Funktion. Oft hängt dieser Wert von Parametern ab, die beim Aufruf der Funktion angegeben werden müssen. Dies sind Informationen, die *in* die Funktion fließen; bei Funktionen sind in Ada nur solche Parameter erlaubt.

Bei Prozeduren ist die Situation komplizierter: Hier gibt es kein Ergebnis, das zur Schnittstelle gehören muß und eine Information nach außen liefert. Trotzdem können über Parameter Informationen in beide Richtungen (*in* die Prozedur und *aus* der Prozedur) fließen. Es gibt also drei verschiedene *Modi* von Parametern, die alle bei Prozeduren erlaubt sind, nämlich IN-, OUT-, und IN OUT-Parameter. IN-Parameter dienen nur dazu, Werte in das Unterprogramm zu übergeben; OUT-Parameter sind Variablen, die das Unterprogramm (möglicherweise) verändert aber nicht liest; und IN OUT-Parameter sind Variablen, die das Unterprogramm (möglicherweise) sowohl liest als auch verändert.

Zusammenfassend:

Arten von Unterprogrammen

	Prozedur (*procedure*)	**Funktion** (*function*)		
Schnittstelle:	Aktion	Wert		
	Parameter	Parameter	und	Ergebnis
wieviele?	beliebig	beliebig		1
Informations- **Richtung?**	beide möglich	nur **in** das Unterprogramm		nur **aus** dem Unterprogramm

Generell gehört zu jedem Unterprogramm eine Vereinbarung, die die Ada-Schnittstelle des Unterprogramms festlegt. Zu dieser Schnittstelle gehören:

- der Name des Unterprogramms,
- die Kennzeichnung als Prozedur oder Funktion,
- der Typ des Ergebnisses (nur bei Funktionen), und
- für jeden Parameter:
  - der Name,
  - der Modus und
  - der Typ.

Diese Schnittstelle ist so etwas wie ein Vertrag zwischen dem Implementierer des Unterprogramms und den Anwendern: An die Angaben in der Unterprogrammvereinbarung müssen sich beide halten, und der Compiler überwacht die Einhaltung. Mehr dazu später.

Aufbau der *Vereinbarung (declaration)*
eines Unterprogramms:

```
PROCEDURE name    FUNCTION name

(...)             (...)             Parameter-
                                    vereinbarung

                  RETURN typ

;                 ;
```

Wie man schon an den bisherigen Beispielen von Prozeduren sieht, muß es nicht zu jedem Unterprogramm eine *explizite* Vereinbarung geben; der *Rumpf* des Unterprogramms enthält auf jeden Fall die Informationen, die zur Schnittstelle gehören.

Der *Rumpf* des Unterprogramms enthält die Implementierung. Er fängt mit einer Wiederholung der Vereinbarung an, bei der aber der abschließende Strichpunkt durch das reservierte Wort IS ersetzt wird.

Zwischen IS und BEGIN können beliebig viele Vereinbarungen verschiedenster Art stehen: Hier können außer Konstanten, Variablen und Typen zum Beispiel auch Unterprogramme vereinbart werden. Allen diesen Vereinbarungen ist aber gemeinsam, daß sie nur der Implementierung des Unterprogramms dienen und nur innerhalb des Rumpfs benutzt werden können: Sie sind außerhalb des Rumpfs nicht *sichtbar* (*visible*), das heißt, kein Programmteil außer dem Rumpf des Unterprogramms hat Zugang zu den Dingen, die hier vereinbart werden. Dadurch ist gewährleistet, daß

- der Implementierer des Unterprogramms sicher sein kann, daß er allein über diese Dinge verfügt; kein anderer Programmteil kann sie verändern oder Schlüsse aus ihrem Wert ziehen und damit eventuell Fehler einschleppen;

- die Anwender des Unterprogramms, also Programmierer, die das Unterprogramm aufrufen, sich nicht um diese Dinge kümmern können/müssen und damit einen besseren Überblick haben über das, was für sie wesentlich ist.

Über die Reihenfolge der Vereinbarungen in einem Vereinbarungsteil gibt es weniger Vorschriften als in den meisten Sprachen. Die wichtigsten sind:

Aufbau des Rumpfs (body)
eines Unterprogramms:

```
PROCEDURE name    FUNCTION name

(...)             (...)                    Parameter-
                                           vereinbarung


                  RETURN typ


IS                IS

.                 .                        lokale
.                 .                        Vereinbarungen
.                 .                        (gelten nur
.                 .                        in diesem Rumpf)


BEGIN             BEGIN

.                 .                        Anweisungen
.                 .
.                 .
.                 RETURN ausdruck;
.                 .
.                 .
.
END name;         END name;
```

- Eine Vereinbarung, die sich auf eine andere Vereinbarung im gleichen Vereinbarungsteil bezieht, muß im Text *nach* dieser stehen. Zum Beispiel muß die Vereinbarung

      TYPE ein_typ IS (a, b);

  vor der Vereinbarung

      variable : ein_typ;

  stehen, weil die zweite Vereinbarung sich auf die erste bezieht. In Ada spricht man von *Sichtbarkeit* (*visibility*): An jeder Stelle in einem Vereinbarungsteil sind nur diejenigen Vereinbarungen im Vereinbarungsteil sichtbar, die im Text vor der Stelle liegen („man sieht nur nach oben");
- Nach dem ersten Rumpf im Vereinbarungsteil darf keine Typvereinbarung und keine Objektvereinbarung mehr stehen.

Zwischen BEGIN und END unterprogramm_name können, wie in den bisher besprochenen Prozeduren, beliebig viele Anweisungen stehen. In diesem Anweisungsteil sind alle Vereinbarungen des Vereinbarungsteils sichtbar; es kann also überall auf sie Bezug genommen werden.

Der Anweisungsteil einer Funktion unterscheidet sich von dem einer Prozedur durch eine *RETURN-Anweisung* mit einem Ausdruck des Ergebnistyps zum Abliefern des Funktionsergebnisses.

5.1 Lokale Unterprogramme

Im Vereinbarungsteil jedes Unterprogramms können auch *lokale Unterprogramme* vereinbart werden, wie im Beispiel lokale_unterprogramme.

```
-----------------------------------------------------------------|
PROCEDURE lokale_unterprogramme IS
   variable : integer := 5;
                      --auch in prozedur und funktion sichtbar

   -- Eine lokale Prozedur:
   PROCEDURE prozedur IS
      nur_sichtbar_in_dieser_prozedur : character;
   BEGIN
         variable := 9;
                  -- moeglich, aber mit Vorsicht zu geniessen
   END prozedur;

   -- Eine lokale Funktion:
   FUNCTION funktion RETURN integer IS
      nur_sichtbar_in_dieser_funktion : integer := 7;
   BEGIN
      RETURN nur_sichtbar_in_dieser_funktion + 3;
   END funktion;
BEGIN
   prozedur;          -- ein Prozeduraufruf ist eine Anweisung
   variable := funktion + variable;
                     -- ein Funktionsaufruf ist ein Ausdruck
END lokale_unterprogramme;
-----------------------------------------------------------------|
```

Alle Programme, die Sie bisher gesehen haben, sind *Bibliotheksprozeduren* (*library procedure*), das heißt, sie stehen nach erfolgreicher Übersetzung

selbständig in der Ada-Programm-Bibliothek. Jede Bibliotheksprozedur
ohne Parameter *kann* als Hauptprogramm fungieren. Ada unterscheidet nicht grundsätzlich zwischen Hauptprogramm und Unterprogrammen: Hauptprogramm in einem Ada-Programm kann jede parameterlose (Bibliotheks-)Prozedur (zum Beispiel alle bisherigen Beispiele) sein;
jede Bibliotheksprozedur kann aber auch (unabhängig davon, ob sie im
gleichen oder in einem anderen Programm als Hauptprogramm auftritt)
von einem Unterprogramm aufgerufen werden. Da Prozeduren Unterprogramme sind, ist also in Ada jedes Hauptprogramm ein Unterprogramm
(aber nicht umgekehrt).

Ada kennt, wie schon erwähnt, zwei Arten von Unterprogrammen: Prozeduren und Funktionen. Die Aufgabe einer Funktion ist, einen Wert
zurückzugeben; und ein Funktionsaufruf ist ein Ausdruck, steht also typi-
scherweise zum Beispiel auf einer Seite einer Anweisung oder als aktueller
Parameter in einem Unterprogrammaufruf, bildet aber niemals allein eine
Anweisung. Die Aufgaben einer Prozedur dagegen können vielfältig sein,
und ein Prozeduraufruf ist eine Anweisung.

Damit sich der Text eines Ada-Programms flüssig liest, sollte man also
für Prozeduren immer Bezeichner wählen, die eine Tätigkeit darstellen,
zum Beispiel

```
schliesse
rufe_an
begruesse_den_benutzer
```

während man für Funktionen Bezeichner wählen sollte, die (ggf. zusammen mit den Bezeichnern der aktuellen Parameter) ein Objekt darstellen,
zum Beispiel

```
erster_eintrag
laenge_von
antwort_des_benutzers
```

Für Funktionen, die einen booleschen Wert liefern, ist das Objekt, das
der Bezeichner der Funktion darstellt, der Wahrheitswert (true bzw.
false) einer Behauptung. Für diese Funktionen sollte man also Bezeichner wählen, die (ggf. zusammen mit den Bezeichnern der aktuellen
Parameter) eine Behauptung darstellen, zum Beispiel

```
datei_ist_offen
ist_letzter_eintrag
ist_syntaktisch_korrekt
```

In den bisherigen Beispielen von Unterprogrammen standen im Vereinbarungsteil nur Vereinbarungen von Datenobjekten. In diesem Beispiel ist

lokale_unterprogramme ein (Bibliotheks-)Unterprogramm mit zwei lokalen Unterprogrammen: prozedur (eine Prozedur) und funktion (eine Funktion). *Lokal* heißt, daß diese Unterprogramme im Vereinbarungsteil von lokale_unterprogramme stehen. Dabei ist der Aufbau von prozedur

```
PROCEDURE prozedur
...
END prozedur;
```

identisch mit dem der bisherigen Prozedur-Beispiele.

Betrachten wir jetzt die Funktion funktion. Abgesehen davon, daß hier FUNCTION statt PROCEDURE steht, unterscheidet sie sich rein syntaktisch in zweierlei Hinsicht von einer Prozedur:

1. Zwischen dem Bezeichner der Funktion und dem reservierten Wort IS steht

```
RETURN integer;
```

2. Im Anweisungsteil steht eine RETURN-Anweisung.

Der Bezeichner, der in einer Funktion zwischen RETURN und IS stehen muß (hier integer), nennt den Typ des Wertes, den die Funktion als Ergebnis zurückgibt. In diesem Fall ist funktion also eine Funktion, die immer einen Wert des vordefinierten Typs integer zurückgibt.

In einer Funktion dient die RETURN-Anweisung dazu, die Ausführung der Funktion zu beenden und einen Wert zurückzugeben: Sie muß einen Ausdruck des richtigen Typs enthalten, und im Gegensatz zu einer Prozedur darf eine Funktion immer nur durch Ausführung einer RETURN-Anweisung verlassen werden. Enthält eine Funktion gar keine RETURN-Anweisung, wird sie zur Übersetzungszeit als inkorrekt abgelehnt. Wenn sie zwar eine oder mehrere RETURN-Anweisungen enthält, zur Laufzeit aber trotzdem das END der Funktion erreicht wird (also keine RETURN-Anweisung ausgeführt wird), wird (zur Laufzeit) die vordefinierte *Ausnahme* (*exception*) program_error ausgelöst, das einen logischen Fehler im Programm anzeigt.

Und nun zu den Anweisungen der Prozedur lokale_unterprogramme (nach dem letzten BEGIN in diesem Beispiel): Wie schon erwähnt, ist ein Prozeduraufruf eine Anweisung und ein Funktionsaufruf ein Ausdruck. Die erste Anweisung ist ein Aufruf der Prozedur prozedur und die zweite eine Zuweisung, deren rechte Seite ein Aufruf der Funktion funktion ist.

Ein paar Worte zur Sichtbarkeit:

- Die Variable `variable` ist überall in der Prozedur `lokale_unterprogramme` *sichtbar* (*visible*), auch in den lokalen Unterprogrammen; das heißt, diese Variable kann an allen diesen Stellen angesprochen (gelesen, verglichen, verändert etc.) werden. Dies gilt aber (ganz zu recht) in der Regel als schlechter Programmierstil, denn man sieht dann den Aufrufen der Unterprogramme überhaupt nicht an, daß sie die Variable verändern bzw. von ihrem Wert abhängen. In manchen Situationen ist es notwendig und berechtigt, in einem Unterprogramm (lesend oder schreibend) auf Variablen zuzugreifen, die außerhalb des Unterprogramms liegen (ich werde im Fortsetzungsband auf eine solche für Ada charakteristische Situation hinweisen). Man sollte es nur in solchen Fällen tun und es dann gut dokumentieren, mindestens durch Kommentare dort, wo die Variable vereinbart ist.

- Die beiden lokalen Unterprogramme sind ab der Stelle, an der sie vereinbart sind, bis hinunter zu `END lokale_unterprogramme` sichtbar; das heißt, sie können an allen diesen Stellen aufgerufen werden, aber man kann nicht „in sie hineingucken" und von außen die Variablen in ihren Vereinbarungsteilen sehen.

- In Ada ist grundsätzlich an jeder Stelle nur das sichtbar, was oberhalb dieser Stelle vereinbart oder sichtbar gemacht wurde — man sieht immer nur „nach oben". Also können im Anweisungsteil von `lokale_unterprogramme` und im Anweisungsteil von `funktion` beide Unterprogramme aufgerufen werden. Innerhalb von `prozedur` aber ist `funktion` nicht sichtbar, also kann es auch nicht aufgerufen werden.

5.2 Bibliotheks-Unterprogramme

Außer `prozedur` und `funktion` waren alle bisherigen Unterprogramme *Bibliotheksprozeduren* (*library procedures*) - d.h. nach erfolgreicher Übersetzung stehen sie in der (Ada-) *Programmbibliothek* (*program library*). Jede (parameterlose) Bibliotheksprozedur kann

- als Hauptprogramm fungieren, und/oder

- durch eine *WITH-Klausel* (s.u.) in einer anderen Übersetzungseinheit sichtbar gemacht und dort aufgerufen werden.

Dieses Beispiel besteht aus drei Bibliothekseinheiten, die optisch durch durchgehende gestrichelte Linien voneinander getrennt sind. Man kann

```
---------------------------------------------------------------|
PROCEDURE prozedur IS                    -- eine Bibliotheksprozedur
   nur_sichtbar_in_dieser_prozedur : character;
BEGIN
   NULL;
END prozedur;
---------------------------------------------------------------

-- Eine Bibliotheksfunktion:
FUNCTION  funktion RETURN integer IS
   nur_sichtbar_in_dieser_prozedur : integer := 7;
BEGIN
   RETURN nur_sichtbar_in_dieser_prozedur + 3;
END funktion;
---------------------------------------------------------------

WITH prozedur, funktion; -- macht diese Bibliothekseinheiten
      -- innerhalb der folgenden Übersetzungseinheit sichtbar

PROCEDURE with_klauseln_prozedur IS
   variable  : integer := 9;
                   -- in prozedur und funktion nicht sichtbar
BEGIN
   prozedur;
   variable := funktion + variable;
END with_klauseln_prozedur;
---------------------------------------------------------------|
```

alle drei in einer Übersetzung vom Compiler bearbeiten lassen, oder man kann sie in zwei oder drei Übersetzungen aufteilen, die zu ganz verschiedenen Zeitpunkten durchgeführt werden.

Daß dies keinen Unterschied macht, liegt daran, daß [Ada] die Existenz einer *Programmbibliothek* (*program library*) vorschreibt, zu der nach jeder erfolgreichen Übersetzung die übersetzten Einheiten gehören. Deshalb spielt es keine Rolle, ob zwei Übersetzungseinheiten in der gleichen Übersetzung bearbeitet werden oder in verschiedenen.

Wesentlich ist aber oft die *Reihenfolge* des Übersetzens: In diesem Beispiel hängt die Prozedur `with_klauseln_prozedur` von den anderen beiden ab, da in ihrer WITH-Klausel die anderen beiden genannt werden. Hier muß also diese Übersetzungseinheit nach den beiden anderen übersetzt werden. Sind nun alle drei erfolgreich übersetzt worden, und wird eine der in der WITH-Klausel genannten Bibliothekseinheiten neu übersetzt (zum Beispiel, weil sie wegen eines Fehlers geändert werden mußte), so gehört die Übersetzungseinheit `with_klauseln_prozedur` nicht mehr zur Bibliothek, weil sie von der (alten Version der) neu übersetzten Bibliothekseinheit abhing. Man muß sie also, wenn man sie noch braucht, neu übersetzen.

Gegenüber dem letzten Beispiel hat sich die Sichtbarkeit in mancher Hinsicht verändert: `prozedur` und `funktion` sind jetzt (dank der WITH-Klausel) überall in `with_klausel_prozedur` sichtbar; aber innerhalb von `prozedur` und `funktion` ist das Innere von `with_klausel_prozedur` (zum Beispiel `variable`) jetzt nicht sichtbar.

5.3 Unterprogramme mit Parametern

Die bisherigen Beispiele von Unterprogrammen hatten alle keine Parameter. Parameter eines Unterprogramms übermitteln Informationen: Entweder an das Unterprogramm, oder vom Unterprogramm an seinen Aufrufer, oder in beide Richtungen. (Der Aufrufer eines Unterprogramms kann zwar auch über eine gemeinsam sichtbare Variable mit dem Unterprogramm kommunizieren; dies ist aber weitaus weniger transparent und deshalb möglichst zu vermeiden.)

Ada gibt dem Programmierer die Möglichkeit zu dokumentieren, in welche Richtung(en) die Informationen über einen Parameter fließen sollen, und außerdem sich selbst und andere vor Verletzungen dieser Absicht zu schützen. Deshalb gehören in Ada zur Schnittstelle eines Unterprogramms außer seinem Namen nicht nur die Namen und Typen seiner Parameter, sondern auch für jeden Parameter ein Hinweis, in welche Richtung(en) dieser Parameter Informationen fließen läßt.

Dieser Hinweis heißt der *Modus* (*mode*) des Parameters:

- Modus `IN` bedeutet, daß dieser Parameter nur Informationen *in* das Unterprogramm fließen läßt. Folglich darf der Parameter während der Ausführung des Unterprogramms nur gelesen werden, ist für das Unterprogramm also eine Konstante. Der Compiler lehnt das Unterprogramm als fehlerhaft ab, wenn es eine Zuweisung an den Parameter enthält oder einen Unterprogrammaufruf, bei dem der Parameter als aktueller `OUT` oder `IN OUT` Parameter auftritt. Parameter von Funktionen müssen Modus `IN` haben.

- Modus `OUT` dagegen bedeutet, daß der Parameter nur Informationen *aus* dem Unterprogramm fließen läßt. Folglich darf er während der Ausführung des Unterprogramms nur verändert werden. Der Compiler lehnt das Unterprogramm als fehlerhaft ab, wenn es offensichtlich diesen Parameter auswertet (zum Beispiel dadurch, daß dieser Parameter auf der rechten Seite einer Anweisung im Unterprogramm steht), auch wenn der Parameter vorher schon im Unterprogramm verändert wurde.

- Es gibt auch den Modus IN OUT (nicht INOUT) für Parameter, die Informationen in beide Richtungen fließen lassen und folglich sowohl gelesen als auch verändert werden dürfen.

```
-------------------------------------------------------------|
PROCEDURE verdopple (eingabe : IN integer;
                     ausgabe : OUT integer) IS
BEGIN
   ausgabe := 2 * eingabe;
END verdopple;
-------------------------------------------------------------|
FUNCTION  zwei_mal (zahl : IN integer) RETURN integer IS
BEGIN
   RETURN 2 * zahl;
END zwei_mal;
-------------------------------------------------------------|
WITH verdopple, zwei_mal;

PROCEDURE unterprogrammaufruf IS
   x, y : integer := 2;
BEGIN
   verdopple (x, y); -- bewirkt y := 2 * x;
   verdopple (y, x); -- bewirkt x := 2 * y;

   -- diese Schreibweise fuehrt leicht zu Verwechslungen

   verdopple (eingabe => x, ausgabe => y);
                             -- bewirkt y := 2 * x;
   verdopple (ausgabe => y, eingabe => x);
                             -- bewirkt das Gleiche

   -- diese Schreibweise schliesst Verwechslungen aus
   -- und ist lesbarer

   y := zwei_mal (x);
   y := zwei_mal (zahl => x); -- gleiche Bedeutung
END unterprogrammaufruf;
-------------------------------------------------------------|
```

Man sollte immer dort, wo beabsichtigt ist, im Unterprogramm einen Parameter nur zu lesen oder nur zu verändern, dies durch die Angabe von Modus IN bzw. OUT dem Compiler mitteilen. Erstens schützt man sich dadurch vor Fehlern, die sonst erst zur Laufzeit erkannt würden und so schon zur Übersetzungszeit aufgedeckt werden; und zweitens gewinnt man in den Fällen, in denen der Parameter durch Kopieren übergeben wird, außerdem noch an Effizienz zur Laufzeit, weil ein IN-Parameter nur am Anfang der Ausführung des Unterprogramms kopiert werden muß, und ein OUT-Parameter nur am Ende.

Im obigen Beispiel haben die beiden Unterprogramme verdopple und zwei_mal Parameter; dies kommt im *formalen Teil* (*formal part*) zwischen ihrem Bezeichner und dem reservierten Wort IS zum Ausdruck. Innerhalb der Klammern des formalen Teils stehen die *Parameterspezifikationen*, durch Strichpunkte getrennt. Jede Parameterspezifikation sieht genau wie eine Variablenvereinbarung aus, außer, daß vor dem Typ des Parameters noch der Modus (IN, OUT oder IN OUT) angegeben wird.

Und nun zu den Anweisungen der Prozedur unterprogrammaufruf (nach dem letzten BEGIN in diesem Beispiel): Wie schon erwähnt, ist ein Prozeduraufruf eine Anweisung und ein Funktionsaufruf ein Ausdruck. Die zweite Anweisung ist ein Aufruf der Prozedur verdopple und die letzte eine Zuweisung, deren rechte Seite ein Aufruf der Funktion zwei_mal ist. (Man beachte, daß im Unterprogrammaufruf die aktuellen Parameter durch Kommata getrennt sind, während ihre Spezifikationen im formalen Teil durch Strichpunkte getrennt sind.)

Im ersten Aufruf werden (wie schon in FORTRAN und den meisten anderen Sprachen) den formalen Parametern eingabe und ausgabe die aktuellen Parameter unsere_zahl bzw. andere_zahl *über Position* zugeordnet; d.h. weil im Aufruf unsere_zahl an erster Stelle steht, wird sie dem formalen Parameter zugeordnet, der im formalen Teil der Prozedur an erster Stelle steht. Für Unterprogramme mit mehr als einem Parameter, und erst recht für solche mit vielen Parametern, hat diese Art der Parameterzuordnung zwei Nachteile: Erstens kann man leicht die Reihenfolge der aktuellen Parameter durcheinanderbringen und so die aktuellen Parameter verwechseln — die Aufrufe sind fehleranfällig; und zweitens machen sie es einem unkundigen Leser schwer, die Rollen der verschiedenen aktuellen Parameter im Unterprogrammaufruf zu erkennen — die Aufrufe sind schlecht lesbar. (Der erste Nachteil besteht in Ada nur, wenn die verwechselten Parameter denselben Typ haben, weil das strenge Typkonzept in Ada verlangt, daß andernfalls der Compiler den Aufruf ablehnt, weil die Typen der aktuellen Parameter nicht mit denen der formalen Parameter übereinstimmen. Trotzdem ist dieser Nachteil ernst zu nehmen, denn Unterprogramme mit mehreren Parametern gleichen Typs kommen häufig vor.)

Wegen dieser Nachteile der Parameterzuordnung über Position bietet
Ada (wie LIS und viele Kommandosprachen) auch die Möglichkeit der
Parameterzuordnung *über Namen*, wie im zweiten Aufruf der Prozedur
verdopple: Hier wird die Zuordnung zwischen aktuellen und formalen
Parametern über die Namen der formalen Parameter (eingabe bzw. ausgabe) hergestellt; die Reihenfolge spielt keine Rolle. (Man beachte, daß
die Parameter*zuordnung* (*parameter association*) zur Übersetzungszeit geschieht — es spielt also zur Laufzeit keine Rolle, ob über Namen oder über
Position zugeordnet wurde — während die Parameter*übergabe* (*parameter
passing*) zur Laufzeit geschieht.)

Es lohnt sich, auch und gerade für formale Parameter aussagekräftige
Bezeichner auszusuchen, um Unterprogrammaufrufe (mit Parameterzuordnung über Namen) transparenter (und damit auch weniger fehleranfällig und besser wartbar) zu machen.

5.4 Uneingeschränkte ARRAY-Parameter

Bei einer Vereinbarung eines Objekts eines uneingeschränkten ARRAY-
Typs (zum Beispiel des Typs string) muß ja immer gleich der Indexbereich eingeschränkt werden; jedes solche Objekt hat also immer einen ein
für allemal festgelegten Indexbereich.

Die Typen der Parameter und (bei Funktionen) des Ergebnisses von Unterprogrammen dagegen können uneingeschränkte ARRAY-Typen sein.
Damit kann man zum Beispiel ein Unterprogramm schreiben, das je nach
aktuellen Parametern ARRAY-Objekte verschiedener Größe (das heißt,
Objekte mit verschiedenen Indexbereichen) bearbeiten kann. Meistens
wird dann im Unterprogramm mit Attributen gearbeitet, denn die aktuellen Parameter können bei jedem Aufruf einen anderen Indexbereich
haben, und die Länge und Schranken des Indexbereichs sind deswegen
nur über die entsprechenden Attribute zugänglich.

Im ersten Beispiel (verzahnung) in diesem Abschnitt werden zwei Zeichenketten beliebiger Länge miteinander verzahnt, und zwar so, daß jeweils das erste noch nicht übernommene Zeichen (sofern vorhanden) aus
der einen Zeichenkette mit dem ersten noch nicht übernommenen Zeichen
(sofern vorhanden) aus der anderen Zeichenkette miteinander verglichen,
und das kleinere von beiden als nächstes Zeichen in die neu aufzubauende
Zeichenkette übernommen wird. Das Ergebnis der Funktion ist diese neu
aufgebaute Zeichenkette.

Damit ergibt die Funktion eine aufsteigend sortierte Verzahnung der
Zeichenketten, wenn die beiden Zeichenketten, die als aktuelle Parameter

```
-------------------------------------------------------------|
FUNCTION  verzahnung (links,
                      rechts : IN string) RETURN string IS
   ergebnis       : string (1 ..
                             links'length + rechts'length);
   index_links  : integer := links'first;
   index_rechts : integer := rechts'first;
BEGIN
   FOR ergebnis_index IN ergebnis'range LOOP
      IF index_links <= links'last THEN
         IF index_rechts <= rechts'last THEN
            IF links (index_links) <= rechts (index_rechts)
            THEN
               ergebnis (ergebnis_index) :=
                  links (index_links);
               index_links := index_links + 1;
            ELSE
               ergebnis (ergebnis_index) :=
                  rechts (index_rechts);
               index_rechts := index_rechts + 1;
            END IF;
         ELSE
            ergebnis (ergebnis_index) :=
               links (index_links);
            index_links := index_links + 1;
         END IF;
      ELSE
         ergebnis (ergebnis_index) := rechts (index_rechts);
         index_rechts := index_rechts + 1;
      END IF;
   END LOOP;
   RETURN ergebnis;
END verzahnung;
-------------------------------------------------------------|
```

übergeben wurden, schon aufsteigend sortiert waren. Dieses Beispiel zeigt
die Attribute 'length (Anzahl der Komponenten), 'first,'last (erster
bzw. letzter Index) und 'range (= 'first .. 'last).

Das zweite Beispiel (matrix_multiplikation) in diesem Abschnitt
zeigt, wie man in Ada ein Unterprogramm zur Multiplikation zweier
Matrizen beliebiger Größe schreiben kann. Die oben erwähnten Attribute gibt es bei mehrdimensionalen ARRAYs mehrfach, zum Beispiel ist

```
--------------------------------------------------------------|
PROCEDURE matrix_multiplikation IS

   TYPE matrix IS ARRAY (integer RANGE <>, integer RANGE <>)
      OF integer;


   x : matrix (1 .. 2, 1 .. 3);
   y : matrix (1 .. 3, 1 .. 1);
   z : matrix (1 .. 2, 1 .. 1);


   FUNCTION  "*" (links,
                     rechts : IN matrix) RETURN matrix IS
      ergebnis : matrix (links'first (1) ..
                                 links'last (1),
                             rechts'first (2) ..
                                 rechts'last (2)) :=
                       (OTHERS => (OTHERS => 0));
   BEGIN
      IF links'first (2) /= rechts'first (1) OR ELSE
         links'last (2) /= rechts'last (1)
      THEN
         NULL; -- hier gehoert eine Fehlerbehandlung hin
      END IF;
      FOR ergebnis_zeile IN ergebnis'range (1) LOOP
         FOR ergebnis_spalte IN ergebnis'range (2) LOOP
            FOR index IN links'range (2) LOOP
               ergebnis (ergebnis_zeile,
                            ergebnis_spalte) :=
                  ergebnis (ergebnis_zeile,
                               ergebnis_spalte) +
                  (links (ergebnis_zeile, index) *
                  rechts (index, ergebnis_spalte));
            END LOOP;
         END LOOP;
      END LOOP;
      RETURN ergebnis;
   END "*";
BEGIN
   ...
   z := x * y;
   ...
END matrix_multiplikation;
--------------------------------------------------------------|
```

x'last (2) der letzte Wert des zweiten Index von x (in diesem Fall 3).

Neu im zweiten Beispiel ist, daß die Funktion zur Matrixmultiplikation den gleichen Namen hat wie der vordefinierte Multiplikationsoperator „*". Im Anweisungsteil der Prozedur `matrix_multiplikation` wird die eben vereinbarte Funktion auch mit der gleichen einfachen Syntax (infix-Schreibweise) benutzt, wie sonst der vordefinierte Operator. Der Compiler sieht an den Typen, daß hier nicht der vordefinierte Operator „*" für den Typ `integer` sonder der eben vereinbarte Operator „*" gemeint ist. Die Möglichkeit, verschiedene Unterprogramme gleich zu nennen wenn der Compiler sie auf diese Weise unterscheiden kann, heißt *Overloading*; mehr zu diesem Thema im Fortsetzungsband.

5.5 RETURN-Anweisungen

```
-----------------------------------------------------------------|
PROCEDURE veraendere (zahl : IN OUT integer) IS
BEGIN
   IF zahl < 4 THEN
      RETURN; -- beendet Ausfuehrung des Programmrumpfes
   ELSE
      zahl := 3 + zahl;
   END IF;
   zahl := 7 * zahl;
   RETURN; -- hier unnoetig
END veraendere;


FUNCTION  funktion RETURN integer IS
   variable : integer := 7;
BEGIN
   RETURN variable + 3;     -- die Ausfuehrung einer Funktion
                            -- darf nur durch eine RETURN-
                            -- Anweisung beendet werden
END funktion;
-----------------------------------------------------------------|
```

Die Ausführung einer RETURN-Anweisung bewirkt, daß

- die Ausführung des aktuellen Unterprogrammaufrufs beendet wird;
- (nur bei Funktionen) der Funktionswert übergeben wird;
- das Programm nach dem Aufruf des Unterprogramms fortfährt.

In einer Prozedur muß keine RETURN-Anweisung stehen, denn „auf das END der Prozedur laufen" hat die gleiche Wirkung. Wenn eine RETURN-Anweisung in einer Prozedur steht, dann hat sie die einfache Gestalt

```
RETURN;
```

Eine Funktion dagegen darf nur durch Ausführung einer RETURN-Anweisung verlassen werden, und eine RETURN-Anweisung in einer Funktion muß einen Ausdruck des Ergebnistyps enthalten, wie in diesem Beispiel; der Wert des Ausdrucks wird als Ergebnis übergeben. Enthält ein Funktionsrumpf überhaupt keine RETURN-Anweisung, so wird der Compiler dies als Fehler melden. Wenn aber der Funktionsrumpf zwar (mindestens eine) RETURN-Anweisung enthält, zur Laufzeit aber trotzdem das END der Funktion erreicht wird, so ist die Programmlogik fehlerhaft; deshalb wird sofort der vordefinierte Laufzeitfehler program_error ausgelöst.

5.6 Aufgabe 6: Unterprogramme

Machen Sie aus diesem Gerüst ein Ada-Programm, das 10 Zeichen von der Tastatur einliest und sortiert (aufsteigend) wieder ausgibt. Vereinbaren und verwenden Sie dabei ein Unterprogramm vertausche, das die Werte zweier character-Variablen vertauscht. vertausche sollte also zwei Parameter von Typ character haben, und ein Aufruf von vertausche mit aktuellen Parametern x und y sollte bewirken, daß die Werte der Variablen x und y vertauscht werden. Es kommt dabei nicht auf einen guten Sortieralgorithmus an, sondern darauf, daß Sie das Vereinbaren und Aufrufen eines Unterprogramms einüben.

```
-------------------------------------------------------------|
WITH text_io;

PROCEDURE zehn_buchstaben_sortieren IS
   buchstabe : string (1 .. 10);

BEGIN
   text_io.get (buchstabe); -- liest alle Buchstaben ein

   text_io.put (buchstabe); -- druckt alle Buchstaben aus
END zehn_buchstaben_sortieren;
-------------------------------------------------------------|
```

Schreiben Sie zwei Lösungen: Eine, in der vertausche lokales Unterprogramm ist und eine, in der vertausche Bibliotheksunterprogramm
ist.

5.7 Rekursive Unterprogramme

In Ada darf jedes Unterprogramm sich selbst aufrufen (solche Unterprogramme heißen *rekursiv*). Der Compiler übersetzt jedes Unterprogramm
so, daß der Code *reentrant* ist, d.h. daß mehrere Aufrufe des Unterprogramms gleichzeitig aktiv sein können.

Dies ist nur möglich, wenn die aktuellen Parameter und lokalen Variablen des Unterprogramms nicht an einem festen Platz im Speicher (zum
Beispiel zusammen mit dem Code) stehen, sondern bei jedem Aufruf des
Unterprogramms dynamisch Platz für diese Parameter und Variablen angelegt wird. Dieser Platz wird nach Ende des Unterprogrammaufrufs
nicht mehr gebraucht; normalerweise wird er (zum Beispiel für andere
Unterprogrammaufrufe) wiederverwendet. Der Bereich, in dem dieser
Platz angelegt wird, heißt allgemein *Keller* (*stack*) des Programms (dies
ist kein Ada-Begriff, sondern ein allgemeingebräuchlicher).

Unterprogramme können andere Unterprogramme (oder sich selbst)
aufrufen, und generell steht erst zur Laufzeit fest, welche und wieviele
Aufrufe gleichzeitig aktiv sind. Wenn zum Beispiel, wie in PROCEDURE a
unten, A B aufruft, B seinerseits C aufruft und C sich selber aufruft, dann
sind während der zweiten Ausführung von C die erste Ausführung von
C und die Ausführungen von B und A auch noch nicht beendet, so daß
gleichzeitig je ein Aufruf von A und B sowie zwei Aufrufe von C aktiv (das
heißt: nicht beendet) sind. In diesem Fall wird auf dem Keller gleichzeitig Platz für alle vier Aufrufe gebraucht, wie die nachfolgende Aufstellung
verdeutlicht. Da generell erst zur Laufzeit feststeht, welche und wieviele
Aufrufe gleichzeitig aktiv sind, braucht also ein Ada-Programm (wie ein
Programm in jeder Sprache, in der rekursive Unterprogramme erlaubt
sind) nicht immer gleich viel Speicherplatz, weil mal mehr und mal weniger Platz für den Keller gebraucht wird.

Wenn bei einem Unterprogrammaufruf der Platz, der (zum Beispiel vom
Betriebssystem her) für den Keller zur Verfügung steht, nicht ausreicht,
wird `storage_error` (ein vordefinierter Ada-Laufzeitfehler) ausgelöst.

Für Programmierer, die kein rekursives Programmieren kennen, wirkt
die Methode der Rekursion zunächst oft unseriös und gefährlich. Dieses Unterkapitel enthält drei Beispiele rekursiver Unterprogramme: Das

```
--------------------------------------------------------|
PROCEDURE a IS
   variable : integer;

   PROCEDURE c (parameter : IN integer) IS
   BEGIN
      IF parameter > O THEN
         c (parameter - 1);
      END IF;
   END c;

   PROCEDURE b (parameter : IN integer) IS
   BEGIN
      IF parameter > 10 THEN
         c (parameter - 10);
      END IF;
   END b;
BEGIN
   variable := 11;
   b (variable);
END a;
--------------------------------------------------------|
```

Kellerbelegung bei PROCEDURE a

Aktive Aufrufe (d.h. Ausführung noch nicht beendet):	Keller braucht Platz für:
a	b
. -> b	a b
. . -> c(1)	a b c(1)
. . . -> c(0)	a b c(1) c(0)
. . . <-	a b c(1)
. . <-	a b
. <-	a

erste, sehr einfache (fakultaet) soll zeigen, daß (und wie) rekursives Programmieren funktionieren kann, das zweite (drucke_primfaktoren_von)
und das dritte (sortiere_durch_mischen), daß es sinnvoll sein kann.

```
-------------------------------------------------------------------|
FUNCTION  fakultaet (zahl : IN positive) RETURN integer IS
BEGIN
   IF zahl = 1 THEN
      RETURN 1;
   ELSE
      RETURN zahl * fakultaet (zahl - 1);
                                    -- rekursiver Aufruf
   END IF;
END fakultaet;


-------------------------------------------------------------------|
```

Die Funktion *fakultät*, landläufig durch ! dargestellt, wird so definiert:

n! = 1 * 2 * 3 * ... * (n-1) * n

für jede positive Zahl n; also

```
1! = 1
2! = 1 * 2 = 2
3! = 1 * 2 * 3 = 6
4! = 1 * 2 * 3 * 4 = 8
```

und so weiter. Bei diesen Berechnungen fällt auf, daß:
der Wert von 2! aus dem Wert für 1! durch Multiplikation mit 2,
der Wert von 3! aus dem Wert für 2! durch Multiplikation mit 3,
der Wert von 4! aus dem Wert für 3! durch Multiplikation mit 4,
gewonnen werden kann. Es gilt sogar ganz allgemein, daß für n > 1
der Wert von n! aus dem Wert von (n-1)! durch Multiplikation mit n
gewonnen werden kann.

Diese Erkenntnis kann man in einen rekursiven Algorithmus zur Berechnung von n! umsetzen:
Wenn $n = 1$, dann ist das Ergebnis 1;
wenn $n>1$, dann berechne zuerst (n-1)! und multipliziere das Ergebnis
dieser Berechnung mit n.

Dieser Algorithmus liefert für jede positive ganze Zahl n das erwünschte
Ergebnis. Davon kann man sich wie folgt überzeugen:
Für $n = 1$ stimmt es offensichtlich;
Wenn $n>0$ und wenn es für $n - 1$ stimmt, dann auch für n. Also
wenn es für 1 stimmt, dann auch für 2;
wenn es für 2 stimmt, dann auch für 3;

wenn es für 3 stimmt, dann auch für 4; und so weiter.

Die oben gezeigte Funktion fakultaet implementiert diesen Algorithmus.

In diesem Beispiel sieht man zwar, daß rekursive Unterprogramme funktionieren können, aber sinnvoll ist die Rekursion hier nicht; man könnte das Unterprogramm effizienter und genauso transparent so schreiben:

```
------------------------------------------------------------|
FUNCTION  fakultaet (zahl : IN positive) RETURN integer IS
   ergebnis : integer := 1;
BEGIN
   FOR index IN 2 .. zahl LOOP
      ergebnis := ergebnis * index;
   END LOOP;
   RETURN ergebnis;
END fakultaet;
------------------------------------------------------------|


------------------------------------------------------------|
WITH drucke; -- PROCEDURE drucke (zahl : IN positive) IS ...
             -- druckt den Wert von zahl aus


PROCEDURE drucke_primfaktoren_von (zahl : IN integer) IS
BEGIN
   IF zahl > 1 THEN
      FOR kandidat IN 2 .. zahl/2 LOOP
         IF kandidat * (zahl / kandidat) = zahl THEN
            drucke_primfaktoren_von (kandidat);
                                    -- rekursiver Aufruf
            drucke_primfaktoren_von (zahl / kandidat);
                                    -- noch einer
            RETURN;
         END IF;
      END LOOP;
      drucke (zahl); -- dann ist zahl selber Primzahl
   END IF;
END drucke_primfaktoren_von;
------------------------------------------------------------|
```

drucke_primfaktoren_von ist ein sinnvolleres Beispiel eines rekursiven Unterprogramms. Hier geht es darum, sämtliche Primfaktoren des Parameters zahl auszudrucken, gegebenenfalls mit Wiederholungen — das heißt, bei zahl = 12 soll der Faktor 2 zweimal erscheinen. Hier wurde folgender Algorithmus als rekursives Unterprogramm implementiert: Suche nach Zahlen a, b (beide < zahl) mit zahl = a * b; wenn es solche Zahlen gibt, drucke die Primfaktoren von a aus und dann die Primfaktoren von b. Wenn es keine solchen Zahlen gibt, drucke zahl aus (denn dann ist zahl Primzahl).

Natürlich kann man auch diese Aufgabe mit einem nichtrekursiven Unterprogramm lösen. Eine mögliche Lösung ist:

```
----------------------------------------------------------------|
WITH drucke;

PROCEDURE drucke_primfaktoren_von (zahl : IN integer) IS
   kandidat    : integer := 2;
   restfaktor : integer := zahl;
BEGIN
   WHILE restfaktor <= 1 LOOP
      IF kandidat * (restfaktor / kandidat) = restfaktor
        THEN
          drucke (kandidat);
          restfaktor := restfaktor / kandidat;
      ELSE
          kandidat := kandidat + 1;
      END IF;
   END LOOP;
END drucke_primfaktoren_von;
----------------------------------------------------------------|
```

In diesem Fall ist die rekursive Lösung aber transparenter (und damit auch weniger fehleranfällig) als die nichtrekursive.

Generell gilt: Zu *jedem* rekursiven Unterprogramm gibt es ein Unterprogramm mit der gleichen Funktionalität, das nicht rekursiv ist. Man sollte aber ruhig dort, wo man dadurch an Transparenz gewinnt und nicht zuviel an Effizienz einbüßt (siehe unten), rekursive Unterprogramme schreiben.

Manchmal (wie im Beispiel fakultaet) kann man Rekursionen durch eine simple Iteration ersetzen und dadurch viel Effizienz gewinnen; zum Beispiel verursacht ein Aufruf des rekursiven Unterprogramms fakultaet mit Parameter 17 genau 16 (geschachtelte) rekursive Aufrufe. Das heißt nicht nur, daß 16 mal der zeitliche Aufwand für einen Unterprogrammaufruf getrieben werden muß, sondern auch, daß der Keller die Daten für diese 16 Aufrufe gleichzeitig aufnehmen muß. In diesem Fall wird die iterative Lösung also sowohl schneller sein als auch weniger Speicherplatz verbrauchen. Auch im rekursiven Unterprogramm drucke_primfaktoren_von kann man Zeit (und Speicherplatz) sparen, indem man den ersten rekursiven Aufruf von `drucke_primfaktoren_von` durch einen Aufruf von `drucke` ersetzt (was dort zulässig ist, weil an dieser Stelle der Parameter ohnehin eine Primzahl ist).

Man sollte es also generell vermeiden, durch unbedachtes rekursives Programmieren große unnötige Effizienzverluste einzuhandeln. Trotzdem sind rekursive Unterprogramme ein wichtiges und geeignetes Mittel, um viele Programme transparent zu machen, die sonst sehr schwer verständlich (und fehleranfällig) wären.

Rekursives Programmieren führt aber durchaus nicht immer zu Effizienzverlusten. Im Gegenteil: Bei manchen Problemen erreicht man erst durch einen rekursiven Algorithmus einen Effizienzgewinn. Das folgende letzte Beispiel zum Thema Rekursion implementiert einen Sortieralgorithmus, der für eine große Anzahl von Sortierwerten im Mittel wesentlich schneller ist als die naheliegendsten Algorithmen (siehe zum Beispiel Mehlhorn 1977, §II.1.4).

```
----------------------------------------------------------|
WITH verzahnung;  -- die Funktion aus §5.4


PROCEDURE sortiere_durch_mischen
    (zeichenkette : IN OUT string) IS
    mitte : CONSTANT integer
        := (zeichenkette'first + zeichenkette'last) / 2;


    SUBTYPE linker_teil  IS integer RANGE
                                zeichenkette'first .. mitte;


    SUBTYPE rechter_teil IS integer RANGE
                                mitte + 1 .. zeichenkette'last;
BEGIN
    IF zeichenkette'first < zeichenkette'last THEN
        sortiere_durch_mischen (zeichenkette (linker_teil));
        sortiere_durch_mischen (zeichenkette (rechter_teil));
        zeichenkette :=
            verzahnung (zeichenkette (linker_teil),
                        zeichenkette (rechter_teil));
    END IF;
END sortiere_durch_mischen;
----------------------------------------------------------|
```

Bei jedem rekursiven Unterprogramm muß es (einen oder mehrere) Parameterwerte geben, bei denen das Unterprogramm sich nicht selber aufruft, damit Ausführungen des rekursiven Unterprogramms sich irgendwann beenden. Bei diesem Unterprogramm ist die IF-Anweisung sehr

wichtig. Vergißt man, daß die Unterprogrammaufrufe im Rumpf nur
dann ausgeführt werden müssen, wenn die Zeichenkette nicht leer ist, so
bewirkt jeder Aufruf von `sortiere_durch_mischen` letztlich, daß immer
wieder die leere Folge sortiert wird. Da dies rekursiv geschieht, wird der
Keller immer voller, bis das Programm schließlich mit `storage_error`
abstürzt.

Man könnte natürlich auch ohne die Vereinbarungen von `mitte`, `linker_teil` und `rechter_teil` auskommen, aber sie tragen ganz wesentlich
zur Transparenz dieser Prozedur bei.

5.8 Aufgabe 7: Rekursive Unterprogramme

Im Geduldsspiel „Türme von Hanoi" wird mit einer beliebigen Anzahl
verschieden großer Scheiben gespielt, die zu jedem Zeitpunkt im Spiel
auf drei nebeneinanderliegende (nur aus diesen Scheiben gebaute) Türme
verteilt sind, wobei niemals eine größere Scheibe auf einer kleineren liegen
darf. Am Spielausgang liegen alle Scheiben (der Größe nach geordnet)
auf einem der Türme, sagen wir mal auf dem linken (die anderen beiden
„Türme" sind also anfangs leer). Die Aufgabe ist nun, so lange einzelne
Scheiben, die zuoberst auf einem Turm liegen, auf einen anderen Turm
zu legen (unter Einhaltung der Regel, daß niemals eine größere Scheibe
auf einer kleineren liegen darf), bis alle Scheiben auf dem rechten Turm
liegen. (Wir betrachten erst die einfache Version des Spiels, in der man
in einem Schritt eine Scheibe von einem beliebigen Turm zu einem anderen beliebigen Turm bewegen darf; als zweite Aufgabe betrachten wir
dann die strengere Version, in der man die Scheibe immer nur auf einen
benachbarten Turm bewegen darf, also nie vom linken zum rechten Turm
oder umgekehrt.)

Beispiel: Fängt man mit nur zwei Scheiben an, so ist die einfachste
Lösung die unten skizzierte.

Bei drei Scheiben braucht man schon sieben Züge, bei vier Scheiben
fünfzehn Züge und so weiter (also bei n Scheiben (2^n-1) Züge).

Versuchen Sie zunächst einmal, eine Lösung des Spiels für mehrere (zum
Beispiel zehn) Scheiben ohne rekursives Programmieren zu entwerfen. Sie
werden feststellen, daß dies sehr schwierig ist.

Nun sollen Sie eine Lösung des Spiels so programmieren, daß der Haupt-
bestandteil Ihrer Lösung ein rekursives Unterprogramm ist, das eine beliebige Anzahl von Scheiben unter Berücksichtigung der Spielregel von
einem beliebigen Turm zu einem anderen beliebigen Turm bewegt.

Turm 1   Turm 2   Turm 3

Ausgangslage:

Erster Zug: Oberste Scheibe von Turm 1 nach Turm 2

Zweiter Zug: Oberste Scheibe von Turm 1 nach Turm 3

Letzter Zug: Oberste Scheibe von Turm 2 nach Turm 3

Da die Sprachmittel, die Sie bisher kennen, nicht ausreichen, um eine graphische Darstellung der Türme und der Scheibenbewegungen zu programmieren, benutzen Sie dabei folgende Bibliotheksprozedur, die das Bewegen einer Scheibe von einem Turm auf einen anderen protokolliert:

```
----------------------------------------------------------|
WITH text_io;

PROCEDURE eine_scheibe_bewegen (von,
                                nach : IN integer) IS

   PACKAGE zahlen IS NEW text_io.integer_io (integer);
BEGIN
   IF von NOT IN 1 .. 3 OR nach NOT IN 1 .. 3 THEN
      text_io.put_line ("Es gibt nur Tuerme 1, 2 und 3.");
   ELSE
      zahlen.put (von);
      text_io.put (" => ");
      zahlen.put (nach);
      text_io.new_line;
   END IF;
END eine_scheibe_bewegen;
----------------------------------------------------------|
```

Da diese Prozedur nur für Parameterwerte zwischen 1 und 3 aufgerufen werden soll, gibt sie bei einem Aufruf, bei dem ein oder beide Parameter außerhalb dieses Bereichs liegen, nur eine Fehlermeldung aus.

Ein Aufruf der Prozedur mit Parametern m und n zwischen 1 und 3 bewirkt, daß eine Zeile

```
m => n
```

am Bildschirm (bzw. in der Standardausgabedatei) erscheint. Sie können dann mit Hilfe von wirklichen Scheiben diese Bewegungen nachvollziehen und so feststellen, ob Ihr Programm tatsächlich die Aufgabe des Spiels löst.

Da es Änfangern im rekursiven Programmieren schwer fällt, sich rekursive Lösungen auszudenken und aufzuschreiben, stehen in §8.7 vor der Lösung noch einige Hinweise und Ideen zur Lösungsfindung. Wenn Sie also nicht allein zu einer Lösung kommen, sollten Sie dort nachsehen und es dann weiterversuchen.

5.9 Sichtbarkeit und Verdecken

Das Thema *Sichtbarkeit* wurde schon mehrmals angesprochen. In der Prozedur sichtbarkeit ist zum Beispiel dort, wo unten vereinbart wird, oben sichtbar; dort, wo oben vereinbart ist, ist unten aber nicht sichtbar.

Dies kommt daher, daß der *Geltungsbereich* (*scope*) einer Vereinbarung in einem Rumpf sich vom Anfang der Vereinbarung bis zum Ende des Vereinbarungsteils erstreckt, in der die Vereinbarung steht. Der Geltungsbereich der Vereinbarung von oben fängt also schon am Anfang des Vereinbarungsteils an, der von unten dagegen erst nach der Vereinbarung von oben.

In PROCEDURE verdecken ist die Lage komplizierter: Hier sind zwei Vereinbarungen von Objekten mit dem Namen variable, und der Geltungsbereich der ersten dieser beiden Vereinbarungen enthält den Geltungsbereich der zweiten.

Hier gilt die Regel: Lokales verdeckt Globales, das heißt, im Geltungsbereich der zweiten (inneren) Vereinbarung wird die erste (äußere) Vereinbarung mit dem gleichen Namen durch die zweite Vereinbarung verdeckt. Der Name variable meint also in diesem Geltungsbereich die zweite der beiden gleichnamigen Variablen, und sonst die erste.

Es gibt hier also zwei Variablen mit dem gleichen Namen. Der Compiler hält sie ohne weiteres auseinander, beim Leser können sie aber leicht zu Verwirrung und Verwechslungen führen. Da Ada eine sehr große Auswahl

```
----------------------------------------------------------|
PROCEDURE sichtbarkeit IS
   oben  : integer := 1; -- hier ist unten nicht sichtbar
   unten : integer := oben; -- hier ist oben sichtbar
BEGIN
   NULL; -- hier sind alle beide sichtbar
END sichtbarkeit;
----------------------------------------------------------|
```

```
----------------------------------------------------------|
PROCEDURE verdecken IS
   variable : integer := 0;          -- Geltungsbereich (1)
                                     -- dieser Vereinbarung
   PROCEDURE lokal IS                                 -- 1
      variable : integer := 0; -- Geltungsbereich (2)  -- 1
   BEGIN                                       -- 2    -- 1
      variable := variable + 1;                -- 2    -- 1
      -- hier ist die lokale Variable gemeint  -- 2    -- 1
   END lokal;                                          -- 1
BEGIN                                                  -- 1
   variable := variable + 1; -- und hier die globale   -- 1
END verdecken;                                         -- 1
----------------------------------------------------------|
```

von Bezeichnern bietet, kann und sollte man deshalb solche Situationen
vermeiden.

5.10 Unterprogrammvereinbarungen


```
----------------------------------------------------------|
   PROCEDURE explizite_vereinbarung
        (parameter : IN OUT integer);

        -- das war eine explizite Unterprogrammvereinbarung
----------------------------------------------------------|
```

Bisher haben Sie nur Unterprogrammrümpfe gesehen. Für jedes Unterprogramm *kann* man explizit eine Vereinbarung schreiben. Die Vereinbarung beinhaltet die Schnittstelle zu den Anwendern (= Aufrufern) des
Unterprogramms. Schreibt man keine Vereinbarung, so dient der Anfang
des Rumpfs als Vereinbarung.

```
----------------------------------------------------------------|
    PROCEDURE explizite_vereinbarung
       (parameter : IN OUT integer) IS
    BEGIN
       parameter := parameter + 1;
    END explizite_vereinbarung;
                           -- das war der dazugehoerige Rumpf
----------------------------------------------------------------|
```

Manchmal möchte man Unterprogramme schreiben, die sich gegenseitig
aufrufen (sie sind rekursiv definiert, rufen sich selber aber nicht direkt
auf, sondern nur mittelbar). Weil man in Ada immer nur nach oben
sehen kann, geht dies nicht ohne explizite Unterprogrammvereinbarung.
Zum Beispiel kann in PROCEDURE sichtbarkeit_von_unterprogrammen
unten zwar oben aufrufen, aber nicht umgekehrt, weil oben im Vereinbarungsteil oberhalb von unten deklariert ist und deshalb unten nicht
sehen kann.

```
----------------------------------------------------------------|
PROCEDURE sichtbarkeit_von_unterprogrammen IS

    PROCEDURE oben IS
    BEGIN
       NULL;
    END oben;
    PROCEDURE unten IS
    BEGIN
       oben;
    END unten;
BEGIN
    NULL;
END sichtbarkeit_von_unterprogrammen;
----------------------------------------------------------------|
```

Durch eine explizite Vereinbarung (zumindest von unten) an passender
Stelle, wie in PROCEDURE vereinbarung_und_rumpf_trennen, kann man
erreichen, daß die beiden Prozeduren sich gegenseitig sehen (und damit
auch aufrufen) können.

Damit ein Unterprogramm sichtbar ist, reicht es nämlich, wenn seine
Vereinbarung sichtbar ist, denn die Vereinbarung des Unterprogramms ist
die Schnittstelle zum Unterprogrammanwender und enthält ohnehin alles,
was der Anwender vom Unterprogramm sehen kann. Schreibt man also,
wie hier, zu allen lokalen Unterprogrammen explizite Vereinbarungen,
die vor dem ersten Rumpf plaziert sind, so sind in jedem Rumpf alle
Unterprogramme sichtbar.

```
----------------------------------------------------------|
PROCEDURE vereinbarung_und_rumpf_trennen IS

   PROCEDURE oben;       -- Vereinbarung von oben

   PROCEDURE unten;      -- Vereinbarung von unten

   PROCEDURE oben IS   -- Rumpf von oben
   BEGIN
      unten;               -- hier sichtbar, weil schon vereinbart
   END oben;

   PROCEDURE unten IS -- Rumpf von unten
   BEGIN
      oben;
   END unten;

BEGIN
   oben; -- was passiert hier?
END vereinbarung_und_rumpf_trennen;
----------------------------------------------------------|
```

6 Ein/Ausgabe und Paketanwendung

In Ada ist die Ein/Ausgabe nicht über spezielle Anweisungen oder Datentypen in der Sprache verankert. [Ada] legt aber fest, daß bestimmte Ein/Ausgabemittel in bestimmten Paketen zur Verfügung stehen müssen. Da das Thema Pakete erst im Fortsetzungsband eingehend behandelt wird, steht hier nur soviel zu diesem Punkt, wie man wissen muß, um die Ein/Ausgabepakete anwenden zu können.

Pakete können (unter anderem) dazu dienen, miteinander irgendwie verwandte Vereinbarungen zusammenzufassen. Dies ist auch der Sinn der Ein/Ausgabepakete in Ada: Jedes Ein/Ausgabepaket faßt diejenigen Vereinbarungen zusammen, die man für eine bestimmte Art von Ein/Ausgabe braucht. In einem Paket können verschiedene und verschiedenartige Vereinbarungen stehen, zum Beispiel Vereinbarungen von Datenobjekten, von Typen, von Unterprogrammen und sogar von weiteren Paketen. Ist das Paket an einer bestimmten Stelle im Programm sichtbar (bei Bibliotheksprogrammen erreicht man dies durch eine WITH-Klausel), so kann an dieser Stelle alles, was im Paket vereinbart ist, so verwendet werden, wie wenn es in der aktuellen Übersetzungseinheit vereinbart wäre. Das heißt, Datenobjekte im Paket können gelesen und — sofern es keine Konstanten sind — verändert werden, Typen können benutzt werden, um Objekte des Typs zu vereinbaren, und Unterprogramme können aufgerufen werden. Der einzige Unterschied zu lokalen Vereinbarungen ist, daß diese Vereinbarungen nicht *direkt sichtbar* sind; man muß, wenn man sie anspricht, vor den jeweiligen Bezeichner ein Präfix „<Paketname>." schreiben.

Ada bietet vier vordefinierte Pakete zur Ein/Ausgabe: Das Paket text_io enthält Mittel zur Text-Ein/Ausgabe, das heißt, es kann nicht nur im Programm gespeicherte Bitmuster auf periphäre Geräte übertragen und umgekehrt, sondern auch (wo nötig) diese Bitmuster in Textformat umwandeln und umgekehrt. Die Pakete sequential_io und direct_io dagegen machen keine solche Umwandlungen. Noch etwas unterscheidet sie von PACKAGE text_io: Sie sind sogenannte *generische* Pakete, die erst durch *Instantiierung* (*instantiation*) auf einen bestimmten Typ gemünzt werden müssen, und dann für diesen Typ Ein/Ausgabe (im internen Format) anbieten. Dabei bietet `sequential_io` Mittel für rein sequentielle Ein/Ausgabe und `direct_io` Mittel sowohl für sequentielle als auch für direkte Ein/Ausgabe. Das Paket `low_level_io` enthält Prozeduren für Ein/Ausgabe auf niederster Ebene, damit auch Geräte, die nicht in die bisher genannten Schemata passen, in Ada bedient werden können.

Die vollständige Beschreibung dieser Pakete, soweit die Sprache sie festlegt, steht in [Ada, Kapitel 14]; dort stehen auch die Ada-Spezifikationen der Pakete. Da Ein/Ausgabe von Natur aus stark Hardware- und Systemabhängig ist, legt [Ada] manche Dinge nicht fest; diese müssen im sogenannten *Appendix F* der jeweiligen Compilerdokumentation beschrieben sein.

In diesem Band wird in erster Linie PACKAGE `text_io` besprochen, das in [Ada, §14.3] beschrieben ist. Dies ist ein sehr umfangreiches Paket, und die Beispiele zeigen nur wenige Teile davon.

6.1 Textausgabe am Bildschirm

In diesem Beispiel werden die nötigsten Unterprogramme für Textausgabe am Bildschirm vorgestellt. Dabei fällt sofort auf, daß es nicht nur *eine* Prozedur put gibt, sondern vier (hier werden nur zwei davon vorgestellt).

Dies ist ein Beispiel von *Overloading*: In Ada ist es möglich, daß an der gleichen Stelle mehrere Unterprogramme mit dem gleichen Namen direkt sichtbar sind. Für Datenobjekte ist dies nicht erlaubt. Für Unterprogramme ist es dort erlaubt, wo Aufrufe der gleichnamigen Unterprogramme auseinandergehalten werden können, zum Beispiel anhand der Anzahl oder Typen ihrer Parameter. Hier zum Beispiel hat jeder der beiden Prozeduren put zwar die gleiche Anzahl von Parametern, nämlich einen; bei der ersten hat dieser Parameter aber Typ `character`, bei der zweiten dagegen Typ `string`. Da in jedem Unterprogrammaufruf einer dieser Prozeduren ein aktueller Parameter erscheinen muß, kann man aus dem Typ des aktuellen Parameters schließen, welche Prozedur put gemeint ist. Das Thema Overloading wird ausführlich im Fortsetzungsband behandelt.

Und nun zu diesem Beispiel: Die Prozeduren put schreiben Text auf den Bildschirm. Die Prozedur put für den Typ `character` schreibt ein Zeichen auf den Bildschirm; und die Prozedur put für den Typ `string` schreibt so viele Zeichen auf den Bildschirm, wie der aktuelle Parameter enthält. Wenn es so viele sind, daß sie nicht in die aktuelle Zeile passen, werden sie auf entsprechend viele Zeilen verteilt.

```
-----------------------------------------------------------|
-- PACKAGE text_io IS
--                    (vordefiniert, nicht selber schreiben!)
--
--    PROCEDURE new_line (spacing : IN positive_count := 1);
--    PROCEDURE put (item : IN character);-- ( Overloading
--    PROCEDURE put (item : IN string);   -- (
--    PROCEDURE put_line (item : IN string);
--
--    -- und noch viel mehr
--
-- END text_io;
-----------------------------------------------------------|
WITH text_io;
          -- macht alles in text_io (mit Präfix "text_io.")
          -- in dieser Prozedur sichtbar

PROCEDURE ausgabe_von_zeichenketten_und_zeichen IS
   zeichenkette  : string (1 .. 10) := "1234567890";
   ein_character : character := 'A';
BEGIN
   FOR n IN 1 .. 10 LOOP
      text_io.put (zeichenkette);
                   -- erscheint nicht (unbedingt) gleich
                   -- am Bildschirm, sondern erst dann,
                   -- wenn der Ausgabepuffer voll ist
   END LOOP;

   text_io.new_line;
                -- bewirkt Ausgabe des Pufferinhalts (sofern
                -- vorhanden) und Zeilenvorschub
   text_io.put ("Hallo!");
          --so gibt man direkt einen Zeichenketten-Wert an
   text_io.put (" Hallo!");
                      -- fuer Zwischenraeume selber sorgen
   text_io.put_line (" Hallo!");
                            -- put_line = put + new_line
   text_io.put (ein_character);
                      -- eine Prozedur put fuer Zeichen
   text_io.put ('x');
             -- so gibt man direkt einen Zeichenwert an
   text_io.new_line;
END ausgabe_von_zeichenketten_und_zeichen;
-----------------------------------------------------------|
```

Die Sprachregeln legen nicht fest, ob nach Ausführung von put der Text gleich ausgegeben wird, oder ob er zunächst in einen Puffer geschrieben wird. Man muß also in der Regel davon ausgehen, daß ein Aufruf von put noch keine Ausgabe bewirkt. Die Prozedur new_line gibt den Inhalt des Puffers aus (sofern gepuffert gearbeitet wird) und führt einen Zeilenwechsel aus. Will man also, daß ein mit put ausgegebener Text sofort am Bildschirm erscheint und nicht eventuell erst dann, wenn der Ausgabepuffer voll ist, muß man anschließend new_line aufrufen.

Bei der Vereinbarung der Prozedur new_line sieht man, daß sie einen (IN) Parameter hat, bei dem aber nach dem Typ (positive_count, der ein im PACKAGE text_io vereinbarter ganzzahliger Typ ist) „:= 1" steht. Dieser Parameter gibt an, um wieviele Zeilen vorgeschoben werden soll; „:= 1" bedeutet, daß bei Aufrufen der Prozedur der aktuelle Parameter fehlen darf, und daß dann 1 als Parameter eingesetzt wird. Gibt man also keinen Parameter an, so wird nur um eine Zeile vorgeschoben.

Ein Aufruf von put_line wirkt genau wie ein Aufruf von put (für den Typ string) mit anschließendem Aufruf von new_line.

6.2 Texteingabe über die Tastatur

Dieses Beispiel stellt Texteingabe über die Tastatur vor: Insbesondere, analog zu den zwei Prozeduren put, zwei Prozeduren get aus PACKAGE text_io, eine für den Typ character und eine für den Typ string. Die Prozedur get für den Typ character liest ein Zeichen ein in die Variable, die als aktueller Parameter angegeben wurde. Dabei kann auch (wie bei put) gepuffert eingelesen werden. Grundsätzlich werden Steuerzeichen, die der Kennzeichnung des Zeilenendes dienen, überlesen und so lange neue Eingaben angefordert, bis mindestens ein Zeichen eingegeben wurde, das kein solches Steuerzeichen ist.

Die Prozedur get für den Typ string liest in die Variable, die als aktueller Parameter angegeben wird (hier zeichenkette) so viele Zeichen ein, wie die Variable lang ist (also hier zehn Zeichen). Dabei wird für jedes Zeichen dasselbe Verfahren benutzt wie bei der Prozedur get für den Typ character; das heißt, daß es für das Programm keine Rolle spielt, ob die Zeichen alle in der gleichen Zeile eingegeben werden oder verteilt auf mehrere Zeilen.

Nun will man manchmal eine Zeichenfolge einlesen, von der man nicht vorher weiß, wie lang sie sein wird. Dafür gibt es die Prozedur get_line, die nicht nur einen Parameter item hat, der die eingegebenen Zeichen

```
---------------------------------------------------------------|
-- PACKAGE text_io IS
--                    (vordefiniert, nicht selber schreiben!)
--
--      PROCEDURE skip_line
--                    (spacing : IN positive_count := 1);
--      PROCEDURE get (item : OUT character);
--      PROCEDURE get (item : OUT string);
--      PROCEDURE get_line (item : OUT string;
--                          last : OUT natural);
--
--      -- und noch viel mehr
--
-- END text_io;
---------------------------------------------------------------|
WITH text_io;

PROCEDURE einlesen_von_zeichenketten_und_zeichen IS
   zeichenkette  : string (1 .. 10);
   ein_character : character;
   laenge        : integer;
BEGIN
   text_io.get (ein_character);   -- fordert notfalls solange
             -- Eingabe an, bis ein Zeichen eingegeben wird

   text_io.get (zeichenkette);    -- fordert notfalls solange
             -- Eingabe an, bis 10 Zeichen eingegeben werden

   text_io.skip_line; -- bewirkt Ueberspringen des
               -- Pufferinhalts inklusive Zeilenendezeichen.
               -- Notfalls wird zuerst Eingabe angefordert.
   -- skip_line ist immer erforderlich nach get, wenn
   -- anschliessend get_line (s.u.) aufgerufen werden soll

   text_io.get_line (item => zeichenkette, last => laenge);
   -- schreibt (restlichen) Pufferinhalt nach zeichenkette
   -- und Anzahl der uebertragenen Zeichen nach laenge.
   -- Notfalls wird zuerst Eingabe angefordert.

END einlesen_von_zeichenketten_und_zeichen;
---------------------------------------------------------------|
```

aufnimmt, sondern auch einen Parameter last, in den die Anzahl der eingegebenen Zeichen geschrieben wird.

get_line arbeitet folgendermaßen: Es werden so viele Zeichen über die Tastatur (bzw. vom Eingabepuffer) in die Variable item übertragen, bis die Variable vollständig überschrieben wurde. Wird allerdings schon vorher das Zeilenende erkannt (enthält die eingegebene Zeile also nicht genügend Zeichen, um die Variable vollständig zu überschreiben), wird das Zeilenende übersprungen und es werden keine weiteren Zeichen übertragen. In jedem Fall wird die Anzahl der übertragenen Zeichen in die Variable last geschrieben (genau gesagt: Der Index in item des letzten ersetzten Zeichens).

Hieraus ergibt sich ein Problem, wenn man nach einem get-Aufruf get_line aufruft, denn get liest so lange ein, bis die gewünschte Anzahl Zeichen übertragen wurde. Das Zeilenendezeichen, das (bei gepufferter Eingabe) hinter dem letzten übertragenen Zeichen steht, überspringt get aber nicht. Nun überträgt das anschließend aufgerufene get_line nicht die danach eingegebene Zeile, sondern das, was zwischen dem letzten von get gelesenen Zeichen und dem Zeilenendezeichen im Puffer steht — meistens gar nichts. Dieses Problem kann durch einen Aufruf der Prozedur skip_line gelöst werden: skip_line überspringt alle Zeichen im Eingabepuffer bis inklusive des nächsten Zeilenendezeichens.

Also gilt die Regel: Wenn man nach einem get-Aufruf get_line aufrufen will, muß man normalerweise vorher noch skip_line aufrufen.

6.3 Ein/Ausgabe ganzer Zahlen

Nun zum Thema Ein/Ausgabe von ganzen Zahlen, vorgestellt in diesem Beispiel: Sie haben bisher nur einen ganzzahligen Typ kennengelernt, nämlich den Typ integer. Ada erlaubt aber die Vereinbarung beliebig vieler benutzerdefinierter ganzzahliger Typen; und die strenge Typisierung verbietet es, für verschiedene Typen das gleiche Unterprogramm zu verwenden. Da es nicht möglich ist, von vornherein für jeden denkbaren ganzzahligen Typ passende Ein/Ausgabeprozeduren zu vereinbaren, gibt es in PACKAGE text_io ein *generisches Paket* integer_io, das als Schablone dient. Man erhält die Mittel zur Ein/Ausgabe von Werten eines bestimmten ganzzahligen Typs, indem man mit Hilfe dieser Schablone ein Paket herstellt, das speziell auf diesen Typ zugeschnitten ist. Dieser Vorgang, mit dem man aus einer Schablone (hier einem generischen Paket) eine auf die eigenen Bedürfnisse zugeschnittene Einheit (hier ein gewöhnliches Paket) herstellt, nennt sich *Instantiierung*. Da in diesem Band nur

```
------------------------------------------------------------|
WITH text_io;

PACKAGE integer_io IS NEW text_io.integer_io
                                    (num => integer);


-- braucht man nur einmal zu uebersetzen; dann enthält die
-- Bibliothek das Paket integer_io, das danach immer zur
-- Ein/Ausgabe von ganzzahligen Werten in Textformat
-- verwendet werden kann.
------------------------------------------------------------|
-- PACKAGE integer_io sieht dann so aus:

--    PACKAGE integer_io IS
--
--        PROCEDURE get (item  : OUT integer;
--                       width : IN field := 0);
--
--        PROCEDURE put (item  : IN integer;
--                       width : IN field := default_width;
--                       base  : IN number_base
--                              := default_base);
--
--        -- und noch mehr
--
--    END integer_io;
------------------------------------------------------------|
WITH text_io, integer_io;

PROCEDURE ein_ausgabe_ganzer_zahlen IS
   ganze_zahl : integer;
BEGIN
   text_io.put_line ("Bitte eine ganze Zahl eingeben");
   integer_io.get (ganze_zahl);
   ganze_zahl := ganze_zahl + 17;
   integer_io.put (ganze_zahl);
   text_io.new_line; -- put_line gibt es nicht in integer_io
   integer_io.put (3); -- so gibt man einen ganzzahligen
                       -- Wert direkt an
   integer_io.put ((ganze_zahl * 7) - 77);
END ein_ausgabe_ganzer_zahlen;
------------------------------------------------------------|
```

der ganzzahlige Typ `integer` verwendet wird, wird `text_io.integer_io` einmal für diesen Typ als Bibliothekspaket `integer_io` instantiiert. Ist die Instantiierung einmal übersetzt, so kann man das so hergestellte Paket immer wieder durch eine WITH-Klausel in verschiedenen Übersetzungseinheiten sichtbar machen und benutzen. Das Thema generische Einheiten wird erst im Fortsetzungsband eingehend behandelt.

Hat man wie in diesem Beispiel eine *Ausprägung* (*instance*) (hier `integer_io`) von `text_io.integer_io` hergestellt und will man wissen, was man jetzt hat, muß man in der Vereinbarung von `text_io.integer_io` (innerhalb der Vereinbarung von `text_io` in [Ada, §14.3.10]) einfach überall den Bezeichner NUM durch den Bezeichner `integer` ersetzen.

Hier gibt es also je eine Prozedur `put` und `get` mit einem Parameter `item` vom Typ `integer`. (Wie man sieht, haben diese Prozeduren noch weitere Parameter, für die man aber keine aktuellen Parameter angeben muß; die Bedeutung dieser Parameter wird hier nicht erklärt; man kann sie in [Ada] nachlesen.)

Man kann, wie in diesem Beispiel, mit `put` einen Wert vom Typ `integer` in Textformat — als *ganzzahliges Literal* (*integer literal*) — ausgeben und mit `get` ein ganzzahliges Literal über die Tastatur einlesen, in einen Wert vom Typ `integer` umwandeln und in die Variable `item` übertragen.

Die Prozedur `put` in `text_io.integer_io` fügt in die Ausgabe führende Zwischenräume nach Regeln ein, die in [Ada, §14.3] beschrieben sind. Umgekehrt überspringt die Prozedur `get` führende Zwischenräume und/ oder Zeilenendezeichen. Dieses `get` liest also so lange ein, bis es ein Zeichen erkennt, das weder ein Zwischenraum noch ein Zeilenendezeichen ist, und versucht, das, was dann kommt, als ganzzahliges Literal zu interpretieren. Wenn es allerdings keines ist (zum Beispiel, wenn es mit einem Buchstaben beginnt), wird die Ausnahme `text_io.data_error` ausgelöst.

6.4 Datei-Ein/Ausgabe von Text

Dieses Beispiel zeigt, wie man Text in eine Datei schreiben und aus einer Datei lesen kann. Am Anfang des Beispiels sind in Kommentarform diejenigen Teile des umfangreichen Pakets `text_io` aufgeführt, die im Beispiel verwendet werden, unter anderem die Prozeduren `put_line` und `get_line`, deren Vereinbarungen bis auf einen zusätzlichen Parameter `file` identisch mit den Vereinbarungen der schon beschriebenen Prozeduren gleichen Namens sind. Zu jeder bisher verwendeten Prozedur aus `text_`

io gibt es (Overloading) eine gleichnamige Prozedur mit einem zusätzlichen Parameter file, die bei sonst gleicher Funktionalität mit einer
Datei statt mit Tastatur und Bildschirm verkehrt.

Um diese Prozeduren zu verwenden, muß man für jede Datei, mit der
das Programm verkehren soll, eine Variable des Typs text_io.file_type
vereinbaren. Diese Variable stellt die Datei innerhalb des Programms dar,
und man muß als Benutzer nichts weiter tun, als bei jeder Kommunikation
mit der Datei diese Variable als aktuellen file-Parameter anzugeben
(zur Funktion dieser Variablen und zur Bedeutung von LIMITED PRIVATE
Typen mehr im Fortsetzungsband).

Bevor Text in die Datei geschrieben oder aus der Datei gelesen werden
kann, muß die Prozedur text_io.create (bei einer Datei, die neu erstellt
wird) oder text_io.open (beim Lesen einer schon bestehenden Datei)
aufgerufen werden. Auch diese Prozeduren haben einen Parameter file.
Die restlichen Parameter sind:

Parameter	Bedeutung	Mögliche Werte
mode	Gibt an, ob gelesen oder geschrieben wird lesen: schreiben:	 text_io.in_file text_io.out_file
name	Name der Datei	abhängig vom Betriebssystem "": Temporäre Datei
form	weitere Merkmale der Datei	abhängig vom Betriebssystem (s. Appendix F der Compilerbeschreibung)

Die Prozedur text_io.close trennt die Verbindung zur Datei, so daß
es möglich ist, innerhalb des gleichen Programms die Datei mit text_
io.open wieder anzusprechen, um sie von vorne zu lesen.

```
--------------------------------------------------------------|
-- PACKAGE text_io IS
--                      (vordefiniert, nicht selber schreiben!)
--
--      TYPE file_type IS LIMITED PRIVATE;
--
--      PROCEDURE create (file : IN OUT file_type;
```

```
--                             mode : IN file_mode := out_file;
--                             name : IN string := "";
--                             form : IN string := "");
--
--     PROCEDURE open (file : IN OUT file_type;
--                     mode : IN file_mode;
--                     name : IN string;
--                     form : IN string := "");
--
--     PROCEDURE close (file : IN OUT file_type);
--     PROCEDURE get_line (file : IN file_type;
--                         item : OUT string;
--                         last : OUT natural);
--
--     PROCEDURE put_line (file : IN file_type;
--                         item : IN string);
--
--     FUNCTION  end_of_file (file : IN file_type)
--        RETURN boolean;
--
--     -- und noch viel mehr
--
-- END text_io;
-------------------------------------------------------------------|
WITH text_io;

PROCEDURE datei_ein_und_ausgabe IS
   datei           : text_io.file_type;
   eingabe         : string (1 .. 80);
   eingabe_laenge  : integer;
BEGIN
   text_io.create (file => datei,
                   mode => text_io.out_file,
                   name => "Dateiname");
   text_io.put_line (file => datei,
                     item => "Erster Name");
   text_io.put_line (file => datei,
                     item => "Letzter Name");
   text_io.close (file => datei);
   text_io.open (file => datei,
                 mode => text_io.in_file,
                 name => "Dateiname");
   WHILE NOT text_io.end_of_file (datei) LOOP
```

```
      eingabe := (eingabe'range => ' ');
      text_io.get_line (file => datei,
                        item => eingabe,
                        last => eingabe_laenge);
      text_io.put_line (eingabe); -- auf den Bildschirm
   END LOOP;
END datei_ein_und_ausgabe;
--------------------------------------------------------------|
```

6.5 Datei-Ein/Ausgabe im internen Format

Das Umwandeln von Binärwerten in Text und umgekehrt ist ein Aufwand, der nur dann nötig ist, wenn diese Werte von Menschen gelesen werden sollen. Oft werden Werte aber nur in eine Datei geschrieben, um von einem Programm gelesen zu werden; dann ist dieser Aufwand unnötig, die Werte können also genausogut im internen Format geschrieben werden.

Das Paket `sequential_io` enthält Ressourcen zur sequentiellen Ein/Ausgabe von Werten *eines* Typs im internen Format. Damit es aber für jeden Typ verwendet werden kann, ist es ein *generisches* Paket, das erst durch *Instantiierung* (*instantiation*) auf den gewünschten Typ gemünzt werden muß. Dadurch entsteht eine Ausprägung, die Mittel zur Ein/Ausgabe von Werten dieses Typs enthält.

Dieses Beispiel soll nur die Unterschiede in der Handhabung von PACKAGE `text_io` und PACKAGE `sequential_io` aufzeigen. Deshalb wird hier, wie im Beispiel im letzten Abschnitt, eine Datei erstellt und ein Wert hineingeschrieben, und anschließend alle Werte in der Datei gelesen.

Der erste Unterschied zum letzten Beispiel ist, daß das PACKAGE `sequential_io` zunächst instantiiert werden muß, und daß dann nicht `sequential_io`, sondern seine Ausprägung (hier `io_paket`) benutzt wird.

Ferner können nur Werte *eines* Typs in die Datei geschrieben werden. Deshalb gibt es im PACKAGE `sequential_io` nur je eine Prozedur (`read` bzw. `write`) für Ein- bzw. Ausgabe eines Wertes. Statt des hier gewählten Typs `irgendein_typ` hätte man bei der Instantiierung jeden (beliebig komplexen) Typ einsetzen können; unabhängig von der Komplexität des Typs wird mit einem `read` bzw. `write` ein Wert des Typs gelesen bzw. geschrieben.

```
--------------------------------------------------------------|
-- GENERIC
--
--    TYPE element_type IS PRIVATE;
--
-- PACKAGE sequential_io IS
--
--    TYPE file_type IS LIMITED PRIVATE;
--
--    TYPE file_mode IS (in_file, out_file);
--
--    PROCEDURE create (file : IN OUT file_type;
--                      mode : IN file_mode := out_file;
--                      name : IN string := "";
--                      form : IN string := "");
--
--    PROCEDURE open (file : IN OUT file_type;
--                    mode : IN file_mode;
--                    name : IN string;
--                    form : IN string := "");
--
--    PROCEDURE close (file : IN OUT file_type);
--
--    PROCEDURE read (file : IN file_type;
--                    item : OUT element_type);
--
--    PROCEDURE write (file : IN file_type;
--                     item : IN element_type);
--
--    FUNCTION  end_of_file (file : IN file_type)
--       RETURN boolean;
--                      -- und noch mehr
-- END sequential_io;
--------------------------------------------------------------|
WITH sequential_io;

PROCEDURE datei_ein_und_ausgabe_im_internen_format IS

   TYPE irgendein_typ IS ARRAY (character) OF integer;

   PACKAGE io_paket IS NEW
      sequential_io (element_type => irgendein_typ);
```

```
datei                    : io_paket.file_type;
irgendein_wert           : CONSTANT irgendein_typ :=
                                (irgendein_typ'range => 7);
irgendeine_variable : irgendein_typ;
BEGIN
   io_paket.create (file => datei,
                      mode => io_paket.out_file,
                      name => "Dateiname");
   io_paket.write (file => datei,
                     item => irgendein_wert);
   io_paket.close (file => datei);
   io_paket.open (file => datei,
                    mode => io_paket.in_file,
                    name => "Dateiname");
   WHILE NOT io_paket.end_of_file (datei) LOOP
       io_paket.read (file => datei,
                       item => irgendeine_variable);
   END LOOP;
END datei_ein_und_ausgabe_im_internen_format;
```
---|

6.6 Aufgabe 8: Ein/Ausgabe

Schreiben Sie ein Programm, das

1. den Benutzer am Bildschirm auffordert, eine ganze Zahl zwischen 1 und 10 einzugeben, dann diese Zahl einliest (diese Zahl heißt im Folgenden n);

2. den Benutzer am Bildschirm auffordert, n Namen einzutippen, wobei jeder Name höchstens 10 Zeichen lang ist, und jeder Name in einer Zeile eingegeben wird;

3. die n Namen einliest;

4. die n Namen in gleicher Reihenfolge numeriert auf den Bildschirm schreibt nach folgendem Muster:

   ```
   1: Norbert
   2: Johannes
       .
       .
       .
   ```

7 ACCESS-Typen

Access-Typen benutzt man in Ada in erster Linie in Situationen, in denen man in Sprachen, die keinen solchen Mechanismus bieten, mit indirekter Adressierung arbeiten oder mit Adressen rechnen würde: Ein ACCESS-Typ bietet die Möglichkeit, dynamisch Platz für Datenobjekte zu reservieren, solche Objekte auf andere Objekte zeigen zu lassen und diese Verflechtungen dynamisch aufzubauen, zu verändern und zu interpretieren. Außerdem kann man ACCESS-Typen dazu verwenden, Zeit und Speicherplatz zu sparen, nämlich dann, wenn platzaufwendige Objekte kopiert werden sollen: Man kopiert statt dessen nur Objekte eines ACCESS-Typs, die auf die großen Objekte verweisen.

ACCESS-Typen bieten aber weitaus mehr Sicherheit als das Arbeiten mit Adressen:

- Jeder ACCESS-Typ bietet Zugang zu den Objekten *eines* anderen Typs (des *designierten Typs*), so daß auch ACCESS-Typen die Sicherheit der strengen Typisierung bieten: Der Compiler sorgt dafür, daß der Programmierer keine Typen verwechselt.

- Ein Wert eines ACCESS-Typs hat keine andere Funktion, als Zugang zu einem Objekt des designierten Typs (dem *designierten Objekt*) zu bieten. Im Gegensatz zu einer Adresse kann man mit diesem Wert nicht arithmetisch rechnen und ihn auch nicht so manipulieren, daß er z.B. plötzlich auf Objekte ganz anderer Typen oder auf Code-Bereiche zeigt.

- Ein designiertes Objekt kann nur durch *einen* Mechanismus entstanden sein: durch Auswerten eines *Allokators*. Man kann einen Wert eines ACCESS-Typs also auch nicht so manipulieren, daß er auf ein Objekt des designierten Typs zeigt, der durch eine Objektvereinbarung entstanden ist.

Allerdings sollte man in Ada nicht immer dann zu ACCESS-Typen greifen, wenn in manchen anderen Sprachen mit Adressen gerechnet wird:

Wenn es um Datenobjekte geht, deren Anzahl feststeht, reicht oft ein ARRAY-Typ, denn man kann ja mit den Indizes eines ARRAY-Typs auch rechnen.

Man sollte auch nicht aus Effizienzgründen zu ACCESS-Typen greifen, um platzaufwendige Objekte als Parameter zu übergeben. [Ada] erlaubt dem Compiler nämlich, bei Parametern zusammengesetzter Typen zwischen Parameterübergabe durch Kopieren und Referenz-Übergabe zu wählen. Ein guter Ada-Compiler wird also in einem solchen Fall ohnehin so effizient arbeiten, wie wenn man mit Adressen gerechnet hätte.

Zusammenfassung:

Jeder ACCESS-Typ	bietet Zugang zu Objekten *eines* anderen Typs (des *designierten Typs*)
Ein Wert des ACCESS-Typs	zeigt auf ein Objekt des designierten Typs (das *designierte Objekt*)
Designierte Objekte	entstehen nur durch Auswerten eines *Allokators*;
	können nur über Objekte des entsprechenden ACCESS-Typs angesprochen werden;
	können durch Zuweisung des Wertes NULL an solche Objekt(e) unzugänglich gemacht werden.
ACCESS-Typen benutzt man, um	dynamisch Objekte zu kreieren und zu vernichten;
	rekursive Typen zu vereinbaren;
	dynamisch Strukturen aufzubauen und zu verändern;
	Effizienz zu gewinnen (statt große Objekte zu kopieren, kopiert man nur ACCESS-Objekte, die darauf zeigen).

```
-----------------------------------------------------------|
PROCEDURE access_typ_mechanismen IS

   TYPE record_typ IS
      RECORD
         komponente : integer;
         noch_eine  : character;
      END RECORD;

   TYPE record_zugriffs_typ IS ACCESS record_typ;

                              -- Werte dieses Typs zeigen auf
                              -- Objekte des Typs record_typ


   zeiger_1_auf_record,
   zeiger_2_auf_record : record_zugriffs_typ;
                                 -- initialisiert auf NULL


   TYPE string_zugriffs_typ IS ACCESS string;

     -- Werte dieses Typs zeigen auf Objekte des Typs string


   zeiger_auf_string   : string_zugriffs_typ;
                                 -- initialisiert auf NULL
BEGIN
   zeiger_1_auf_record := NEW record_typ;-- ein neues Objekt
                          -- vom Typ record_typ wird allokiert,
                          -- zeiger_1_auf_record zeigt darauf


   zeiger_1_auf_record.ALL := (komponente => 77,
                               noch_eine => 'X');
                    -- zeiger_1_auf_record.ALL ist das Objekt,
                    -- worauf zeiger_1_auf_record zeigt


   zeiger_1_auf_record.ALL.komponente := 99;
   zeiger_1_auf_record.komponente := 99; -- gleichbedeutend


   zeiger_2_auf_record := zeiger_1_auf_record;
             -- jetzt zeigen 2 Zeiger auf das gleiche Objekt


   zeiger_1_auf_record := NULL; -- jetzt nur noch einer
   zeiger_2_auf_record := NULL; -- jetzt ist das allokierte
                              -- Objekt nicht mehr zugaenglich
```

```
   zeiger_auf_string := zeiger_1_auf_record;
                              -- verbietet der Compiler
                              -- (verschiedene Typen)

   zeiger_auf_string := NEW string (1 .. 17);


             -- weil string ein uneingeschraenkter ARRAY-Typ
             -- ist, muss man spaetestens beim Allokieren
             -- den Indexbereich einschraenken


   zeiger_auf_string.ALL :=
      (zeiger_auf_string.ALL'range => '*');
   zeiger_auf_string.ALL (7) := 'X';
   zeiger_auf_string := NULL;
END access_typ_mechanismen;
-----------------------------------------------------------|
```

Dieses Beispiel führt nur die Mechanismen vor, die mit ACCESS-Typen verbunden sind, ohne dabei etwas Sinnvolles zu tun. Die beiden Typen `record_zugriffs_typ` und `string_zugriffs_typ` sind ACCESS-Typen: Ein Wert vom `record_zugriffs_typ` hat keine andere Funktion, als Zugriff auf einen Wert vom `record_typ` zu ermöglichen; und ein Wert vom `string_zugriffs_typ` hat keine andere Funktion, als Zugriff auf einen Wert vom Typ `string` zu ermöglichen.

Es wurde schon betont, daß es in Ada keine implizite Initalisierung von Variablen gibt. Zu dieser Regel gibt es eine einzige Ausnahme: Wenn kein Initialwert bei der Vereinbarung angegeben wird, werden Variablen (und auch Komponenten) eines ACCESS-Typs immer auf den Wert `NULL` initialisiert; der Wert `NULL` bedeutet, daß dieses ACCESS-Objekt auf kein designiertes Objekt zeigt.

Der Ausdruck `NEW record_typ` heißt *Allokator*; das Auswerten dieses Ausdrucks beinhaltet:

1. Kreieren eines neuen Objekts vom `record_typ`

2. Übergeben eines Wertes vom `record_zugriffs_typ`, der den Zugriff auf das neu entstandene Objekt ermöglicht. Dieses Objekt ist also das designierte Objekt des übergebenen Wertes.

Nach Ausführung von

```
   zeiger_1_auf_record := NEW record_typ;
```

kann man mit `zeiger_1_auf_record` den ACCESS-Wert ansprechen; das designierte Objekt dagegen kann man mit

```
zeiger_1_auf_record.ALL
```

ansprechen. Nun ist dieses designierte Objekt ein RECORD-Objekt, das
also Komponenten hat; diese spricht man so an:

```
zeiger_1_auf_record.ALL.komponente
```

oder, kürzer:

```
zeiger_1_auf_record.komponente
```

Wird allerdings ein Ausdruck `zeiger.ALL` (oder eine Komponente davon) ausgewertet, wenn `zeiger` den Wert NULL enthält, so wird `con-
straint_error` ausgelöst, um anzuzeigen, daß ein designiertes Objekt
angesprochen wurde, das gar nicht existiert. Logische Fehler in der Ar-
beit mit ACCESS-Typen machen sich also oft durch das Auslösen von
`constraint_error` bemerkbar.

Mit der Zuweisung des Wertes NULL an ein ACCESS-Objekt erreicht
man, daß dieses Objekt kein designiertes Objekt mehr hat. Ob das ehe-
malige designierte Objekt im Programm dann noch zugänglich ist, hängt
davon ab, ob es noch designiertes Objekt anderer ACCESS-Objekte ist.

Der Typ `string` ist ein uneingeschränkter ARRAY-Typ; bei Allokato-
ren, die ein Objekt eines solchen Typs kreieren, muß (wie beim Vereinbaren von Objekten eines solchen Typs) der Indexbereich eingeschränkt
werden, wie in diesem Beispiel.

Auch hier spricht man das designierte Objekt mit

```
zeiger_auf_string.ALL
```

an. Auch dieses designierte Objekt hat (ARRAY-) Komponenten, die
z.B. mit

```
zeiger_auf_string.ALL (7)
```

angesprochen werden. Im Gegensatz zu designierten RECORD-Objekten
darf man hier aber nicht das `.ALL` weglassen; das heißt: „`.ALL.`" darf
man immer durch „`.`" abkürzen, „`.ALL`" ohne anschließenden „`.`" darf
man aber nicht wegkürzen.

7.1 Rekursive Typen

In diesem Beispiel wird ein rekursiver Typ vereinbart; ein rekursiver Typ
ist einer, dessen Werte auf andere Objekte des gleichen Typs verweisen.

Das hieße, daß man in die Typvereinbarung den Namen des Typs schreiben müßte, der gerade vereinbart wird. Dieses Zirkularitätsproblem löst Ada so, daß man zunächst eine *unvollständige Typvereinbarung* (*incomplete type declaration*) schreiben darf. Diese darf man aber nur so verwenden, daß dann ein ACCESS-Typ vereinbart wird, der diesen (noch unvollständig vereinbarten) Typ als designierten Typ hat; und dann muß der eben noch unvollständig vereinbarte Typ vollständig vereinbart werden, wobei in der vollständigen Vereinbarung der ACCESS-Typ vorkommen darf.

Hier soll ein Typ geschaffen werden, mit dem man eine Liste (zum Beispiel eine Einkaufsliste) führen kann, deren Einträge durch Zeichenketten der Länge 30 dargestellt werden; dabei soll es möglich sein, nicht nur Einträge an das Listenende zu schreiben, sondern auch Einträge an beliebiger Stelle einzufügen und zu streichen. Dies alles könnte man zwar noch mit einem ARRAY erreichen, aber nur dann, wenn man vorher wüßte, wieviele Einträge die Liste höchstens enthalten wird. Hier zeigen wir eine ACCESS-Typ-Lösung, mit der man eine solche Liste ohne diese Einschränkung aufbauen und verändern kann.

Der Typ `ketten_glied_typ` hat zwei Komponenten: Die Komponente `eintrag`, die einen Eintrag der Einkaufsliste darstellt; und die Komponente `naechster`, die auf den nächsten Eintrag in der Liste zeigt — genauer gesagt, auf ein Objekt vom `ketten_glied_typ`, dessen Komponente `eintrag` diesen Eintrag darstellt. Mit diesem Typ würde man zum Beispiel die Liste

```
Orangen
Bananen
Äpfel
```

etwa so darstellen:

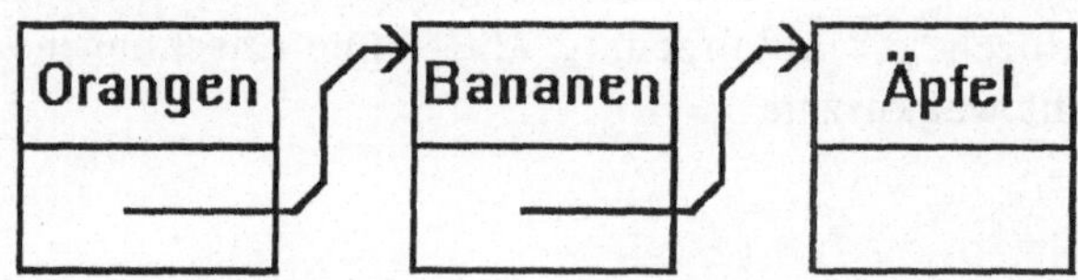

Dabei stellt jede Spalte ein designiertes Objekt vom `ketten_glied_typ` dar, und jeder Pfeil auf eine Spalte einen ACCESS-Wert, dessen designiertes Objekt die Spalte darstellt. Damit man überhaupt auf die Liste

```
----------------------------------------------------------|
PROCEDURE verkettete_liste IS

   SUBTYPE eintrags_typ IS string (1 .. 30);

   TYPE ketten_glied_typ; -- unvollstaendige Typvereinbarung
                                                        -- **
   TYPE zeiger_typ IS ACCESS ketten_glied_typ;          -- **
                                                        -- **
   TYPE ketten_glied_typ IS                             -- **
      RECORD
         eintrag   : eintrags_typ;
         naechster : zeiger_typ;
                              -- Zeiger auf Objekt dieses Typs
      END RECORD;


   erster,
       -- zeigt auf das erste Glied in der verketteten Liste
   hilfs_zeiger  : zeiger_typ;
BEGIN
   -- Zunaechst ist die Liste leer

   erster := NEW ketten_glied_typ;
   erster.eintrag := "Orangen                       ";


   -- Jetzt sieht die Liste so aus : Orangen

   hilfs_zeiger := NEW ketten_glied_typ;
   hilfs_zeiger.eintrag := "Bananen                  ";
   erster.naechster := hilfs_zeiger;


   -- Jetzt sieht die Liste so aus : Orangen --> Bananen

   hilfs_zeiger := NEW ketten_glied_typ;
   hilfs_zeiger.eintrag := "Aepfel                   ";
   erster.naechster.naechster := hilfs_zeiger;


   -- Jetzt sieht die Liste so aus:
   -- Orangen --> Bananen --> Aepfel


END verkettete_liste;
----------------------------------------------------------|
```

zugreifen kann, muß man sich einen ACCESS-Wert aufheben, dessen designiertes Objekt die erste Spalte darstellt; dieser Wert wird hier in der Variablen `erster` aufbewahrt.

Der Anweisungsteil dieses Beispiels implementiert diese verkettete Darstellung der oben angegebenen Liste.

7.2 Arbeit mit verketteten Strukturen

Im Beispiel `arbeit_mit_verketteten_strukturen` auf der nächsten Seite sind im Vereinbarungsteil die gleichen Typen vereinbart wie im letzten Beispiel. Außerdem ist schon im Vereinbarungsteil eine Kette von drei solchen Objekten aufgebaut: Jedes ACCESS-Objekt ist mit einem Allokator initialisiert, wobei der Wert des designierten Objekts gleich mit angegeben ist:

```
access_variable := NEW designierter_typ'initial_wert;
```

Der Anweisungsteil zeigt

* wie man aus dieser Kette ein Glied ausklinkt (also wie man aus der Liste einen Eintrag streicht);

* wie man ein zusätzliches Glied einfügt (also wie man in die Liste einen Eintrag einfügt); hier stand noch das eben ausgeklinkte Glied zur Verfügung; sonst hätte man vorher durch einen Allokator ein zusätzliches Glied beschaffen müssen;

* wie man die Komponente `eintrag` (also einen Eintrag in der Liste) verändert; und

* wie man sich über die Komponente `naechster` des `ketten_glied_typ` von vorne durch die Liste hangelt — z.B. um die Einträge in der richtigen Reihenfolge auszudrucken.

7.3 Aufgabe 9: Kellerstruktur

Schreiben Sie eine Prozedur, die über die Tastatur so lange Zeichen einliest, bis das Zeichen '>' eingegeben wird, und dann alle Zeichen (außer dem Endezeichen '>') in umgekehrter Reihenfolge wieder ausgibt.

```
------------------------------------------------------------|
WITH text_io;

PROCEDURE arbeit_mit_verketteten_strukturen IS

   TYPE ketten_glied_typ;
   TYPE zeiger_typ IS ACCESS ketten_glied_typ;
   TYPE ketten_glied_typ IS
      RECORD
         eintrag   : character;
         naechster : zeiger_typ;
      END RECORD;

   zeiger_3     : zeiger_typ :=
      NEW ketten_glied_typ'(eintrag => '3',
                            naechster => NULL);
   zeiger_2     : zeiger_typ :=
      NEW ketten_glied_typ'(eintrag => '2',
                            naechster => zeiger_3);
   zeiger_1     : zeiger_typ :=
      NEW ketten_glied_typ'(eintrag => '1',
                            naechster => zeiger_2);
   aktueller_zeiger : zeiger_typ;
BEGIN
   zeiger_2.naechster := zeiger_2.naechster.naechster;

                          -- entfernt Eintrag '3' aus der Kette

   zeiger_3.naechster := zeiger_1.naechster;
   zeiger_1.naechster := zeiger_3;
                              -- fuegt '3' zwischen
                              -- '1' und '2' ein
   zeiger_3.eintrag := '7';
                              -- veraendert den Eintrag
                              -- von '3' nach '7'
   aktueller_zeiger := zeiger_1;
   WHILE aktueller_zeiger /= NULL LOOP
      text_io.put (aktueller_zeiger.eintrag);
      aktueller_zeiger := aktueller_zeiger.naechster;
   END LOOP;
                      -- druckt alle Eintraege nacheinander aus
END arbeit_mit_verketteten_strukturen;
------------------------------------------------------------|
```

Das Programm kann also, bevor das Endezeichen eingegeben wird, nicht wissen, wieviele Zeichen insgesamt eingegeben werden. Es soll aber für jede mögliche Anzahl von Zeichen funktionieren. Hier bietet es sich an, unter Benutzung eines ACCESS-Typs eine verkettete Struktur aufzubauen.

Da die Zeichen in umgekehrter Reihenfolge ausgegeben werden sollen, genügt es, wenn man immer einen Zeiger auf das zuletzt eingegebene Zeichen aufbewahrt (zum Beispiel in einer Variablen Kellerspitze) und jedes Zeichen mit einem Zeiger verbunden ist, der auf das unmittelbar davor eingegebene Zeichen zeigt.

Es bietet sich also folgende Struktur an:

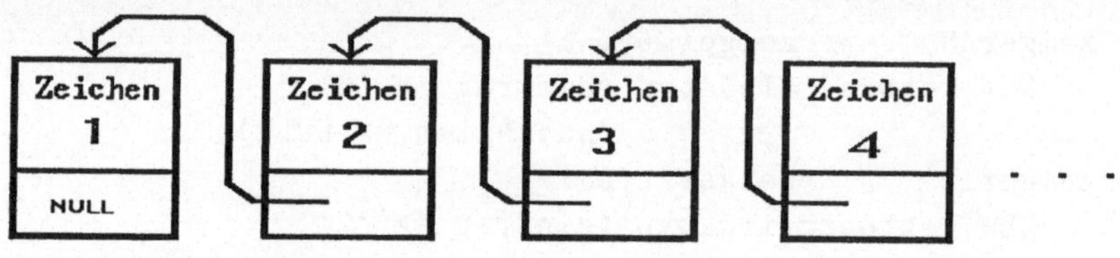

Schreiben Sie eine Prozedur, in deren Vereinbarungsteil die nötigen Typen und Objekte für eine solche Lösung stehen:

- Ein Typ `keller_eintrags_typ` mit zwei Komponenten:
  — eine, die ein eingegebenes Zeichen enthält, und
  — eine, die auf ein weiteres Objekt des Typs `keller_eintrags_typ` zeigt;

- ein ACCESS-Typ `keller_eintrags_zeiger_typ`, dessen Werte auf Werte des Typs `keller_eintrags_typ` zeigen; und

- eine Variable `kellerspitze` des Typs `keller_eintrags_zeiger_typ`.

Immer dann, wenn ein Zeichen gelesen wird, muß ein neues Objekt vom Typ `keller_eintrags_typ` durch einen Allokator geschaffen werden.

Schreiben Sie den Anweisungsteil Ihrer Prozedur so, daß diese Struktur beim Einlesen aufgebaut wird und nach dem Endezeichen von der Spitze her zurückverfolgt wird, um die eingelesenen Zeichen auszugeben.

7.4 Listen-Unterprogramme

Im letzten Beispiel wurden typische Arbeiten an einer Liste in Einzelschritten vorgeführt. Jede dieser Arbeiten (Glied einfügen, Glied löschen etc.) entspricht einer Handlung in der realen Welt. Deshalb würde man in einem transparenten, gut durchdachten Ada-Programm diese Arbeiten als Unterprogramme vereinbaren, die im Programm aufgerufen werden. Dies zeigen wir im Beispiel `listen_unterprogramme` in diesem Abschnitt.

Hier werden nur die beiden Typen `ketten_glied_typ` und `zeiger_typ` vereinbart und *eine* Variable `erster` des Typs `zeiger_typ`, die den Zugriff auf das erste Glied der Kette ermöglicht (alle anderen sind dann über die Verkettung zugänglich).

Außerdem werden Unterprogramme vereinbart, die man braucht, um eine Liste aufzubauen, zu verändern und zu benutzen. Im Beispiel sind nur drei Unterprogramme dieser Art:

- `initialisiere_liste`, das einen ersten Eintrag `mit_eintrag` in die Liste schreibt. Hatte die Liste vorher schon Einträge, so sind diese jetzt verloren;

- `fuege_eintrag_ein`, das nach einem vorgegebenen Eintrag einen neuen Eintrag (mit vorgegebenem Inhalt) in die Liste einfügt; und

- `naechster_eintrag`, das zu jedem Eintrag den nächsten Eintrag in der Liste liefert.

Im Anweisungsteil werden diese Unterprogramme aufgerufen, um:

- einen ersten Eintrag 'A' in die Liste zu schreiben;
- an zweiter Stelle einen Eintrag 'B' anzufügen;
- an zweiter Stelle (also zwischen 'A' und 'B') einen Eintrag 'C' einzufügen; und schließlich
- an dritter Stelle (also zwischen 'C' und 'B') einen Eintrag 'D' einzufügen.

```
-------------------------------------------------------------|
PROCEDURE listen_unterprogramme IS

   TYPE ketten_glied_typ;
   TYPE zeiger_typ IS ACCESS ketten_glied_typ;
   TYPE ketten_glied_typ IS
      RECORD
         eintrag   : character;
         naechster : zeiger_typ;
      END RECORD;


   erster : zeiger_typ;

   PROCEDURE initialisiere_liste
      (mit_eintrag : IN character) IS
   BEGIN
      erster := NEW ketten_glied_typ'
               (eintrag => mit_eintrag, naechster => NULL);
   END initialisiere_liste;


   FUNCTION  eintrag_nach (wonach : IN zeiger_typ)
      RETURN zeiger_typ IS
   BEGIN
      RETURN wonach.naechster; -- constraint_error,
                               -- wenn wonach Wert NULL hat
   END eintrag_nach;


   PROCEDURE fuege_eintrag_ein (inhalt : IN character;
                                wonach : IN zeiger_typ) IS
      neuer_eintrag : zeiger_typ := NEW ketten_glied_typ'
               (eintrag => inhalt,
                naechster => wonach.naechster);
   BEGIN
      wonach.naechster := neuer_eintrag;
   END fuege_eintrag_ein;

BEGIN  -- Hier die Unterprogramme aufrufen, z.B.:
   initialisiere_liste (mit_eintrag => 'A');
   fuege_eintrag_ein (inhalt => 'B', wonach => erster);
   fuege_eintrag_ein (inhalt => 'C', wonach => erster);
   fuege_eintrag_ein (inhalt => 'D',
                      wonach => eintrag_nach (erster));
END listen_unterprogramme;
-------------------------------------------------------------|
```

7.5 Aufgabe 10: Listen-Unterprogramme

Schreiben Sie eine Prozedur, die über die Tastatur so lange ganze Zahlen
einliest, bis eine Zahl außerhalb des Bereichs 1 .. 100 eingegeben wird, und
dann alle Zahlen (außer der letzten) aufsteigend sortiert wieder ausgibt.

Benutzen Sie dafür eine verkettete Liste und arbeiten Sie nach folgendem Algorithmus: Jede eingelesene Zahl zwischen 1 und 100 wird sofort
an der richtigen Stelle in der Liste eingeordnet. Wenn eine Zahl außerhalb
des Bereichs eingelesen wird, wird so lange der Eintrag am Kopfende der
Liste ausgedruckt und aus der Liste entfernt, bis die Liste leer ist.

Schreiben Sie zu diesem Zweck Unterprogramme mit folgenden Vereinbarungen:

```
PROCEDURE fuege_vorne_an (eintrag : integer);
```

fügt einen neuen Eintrag mit Inhalt `eintrag` an den Anfang der Liste;

```
FUNCTION  letzter_kleiner_gleich (als_welcher : integer)
   RETURN zeiger_typ
```

sucht die Liste von vorne durch nach dem letzten Eintrag, dessen Inhalt
kleiner oder gleich `als_welcher` ist (unter der Annahme, daß die Liste
aufsteigend sortiert ist), und gibt einen Zeiger auf den gefundenen Listeneintrag zurück. Ist schon der erste Eintrag zu groß, wird ein Zeiger auf
den ersten Eintrag zurückgegeben.

```
PROCEDURE entferne_und_drucke_listenkopf;
```

schreibt den Inhalt des ersten Eintrags in der Liste auf den Bildschirm
und entfernt diesen Eintrag aus der Liste.

Sie können folgendes Gerüst für Ihre Lösung verwenden:

```
-------------------------------------------------------------|
WITH integer_io;

PROCEDURE sortieren IS
   zahl       : integer;

   TYPE ketten_glied_typ;

   TYPE zeiger_typ IS ACCESS ketten_glied_typ;

   TYPE ketten_glied_typ IS
```

```
      RECORD
         eintrag   : integer;
         naechster : zeiger_typ;
      END RECORD;

   aktueller,
   erster     : zeiger_typ;

   PROCEDURE initialisiere_liste (mit_eintrag : IN integer)
      IS
   BEGIN
      erster := NEW ketten_glied_typ;
      erster.eintrag := mit_eintrag;
   END initialisiere_liste;
   PROCEDURE fuege_vorne_an (eintrag : integer) IS
                                        -- vervollstaendigen

   PROCEDURE entferne_und_drucke_listenkopf IS
                                        -- vervollstaendigen

   PROCEDURE fuege_ein (eintrag : IN integer;
                        wonach  : IN zeiger_typ) IS
      neuer_eintrag : zeiger_typ := NEW ketten_glied_typ;
   BEGIN
      neuer_eintrag.eintrag := eintrag;
      neuer_eintrag.naechster := wonach.naechster;
      wonach.naechster := neuer_eintrag;
   END fuege_ein;

   FUNCTION  letzter_kleiner_gleich (als_welcher : integer)
      RETURN zeiger_typ IS -- vervollstaendigen
BEGIN
   -- durch Aufrufe der Unterprogramme die Aufgabe loesen
END sortieren;
----------------------------------------------------------|
```

8 Musterlösungen

8.1 Lösung zu Aufgabe 1

```
------------------------------------------------------------------|
WITH text_io;

PROCEDURE aufgabe_1 IS
   erstes_zeichen,
   zweites_zeichen : character;
BEGIN
   text_io.put_line
      ("Bitte zwei Zeichen in aufsteigender Reihenfolge.");
   text_io.put_line
("Das Zweite soll ein Buchstabe aus meinem Vornamen sein.");
   text_io.get (erstes_zeichen);
   text_io.get (zweites_zeichen);
   IF erstes_zeichen > zweites_zeichen THEN
      text_io.put_line ("Falsche Reihenfolge");
   ELSE
      CASE zweites_zeichen IS
         WHEN 'D' | 'I' | 'A' | 'N' =>
            text_io.put_line ("Richtig!");

         WHEN OTHERS =>
            text_io.put_line ("Falsch!");

      END CASE;
   END IF;
END aufgabe_1;
------------------------------------------------------------------|
```

Hier werden zwei bedingte Anweisungen gebraucht: zum einen für die
Fallunterscheidung nach der Reihenfolge der eingegebenen Zeichen, zum
anderen für die Fallunterscheidung nach dem Wert des zweiten Zeichens.
Die erste Fallunterscheidung läßt sich geschickt und transparent durch
eine IF-Anweisung ausdrücken, die zweite aber besser durch eine CASE-
Anweisung.

8.2 Lösung zu Aufgabe 2

```
-----------------------------------------------------------------|
WITH text_io;

PROCEDURE aufgabe_2 IS
   erstes_zeichen,
   zweites_zeichen : character;
BEGIN
   text_io.get (erstes_zeichen);
   FOR index IN 2 .. 10 LOOP
      text_io.get (zweites_zeichen);
      IF erstes_zeichen > zweites_zeichen THEN
         text_io.put_line ("Falsche Reihenfolge");
         EXIT;

      ELSE
         CASE zweites_zeichen IS
            WHEN 'D' | 'I' | 'A' | 'N' =>
               text_io.put_line ("Richtig!");
            WHEN OTHERS =>
               text_io.put_line ("Falsch!");
         END CASE;

      END IF;
   END LOOP;
END aufgabe_2;
-----------------------------------------------------------------|
```

8.3 Lösung zu Aufgabe 3

8.3.1 Hinweise

Bei den Typen kommt es nicht auf die genauen Namen der Werte an,
sondern darauf, daß man transparent Dinge in der realen Welt darstellt.
Bei den Typen 3 und 4 ist zu überlegen, ob man besser einen Aufzählungstyp oder einen ganzzahligen (Unter-)Typ vereinbart. Bei Typ 5 kann
man einen vordefinierten Typ verwenden.

8.3.2 Lösung

```
-------------------------------------------------------------|
PROCEDURE schach IS

    TYPE farben_typ IS (weiss, schwarz);

    farbe   : farben_typ := weiss;

    TYPE formen_typ IS (koenig, dame, laeufer,
                        turm, springer, bauer);

    form    : formen_typ := turm;

    SUBTYPE zeilen_typ  IS integer RANGE 1 .. 8;

    zeile   : zeilen_typ := 3;

    TYPE spalten_typ IS (a, b, c, d, e, f, g, h);

    spalte : spalten_typ := g;

    belegt : boolean := false; -- hier kann man
                  -- den vordefinierten Typ boolean verwenden
BEGIN
    NULL;
END schach;
-------------------------------------------------------------|
```

Bei Typen 3 und 4 könnte man entweder Aufzählungstypen vereinbaren
oder Untertypen des Typs integer. Beides hat seine Berechtigung, denn

man kann die Zeilen (respektive Spalten) des Schachbretts entweder mit
Zahlen identifizieren, entsprechend ihrer Lage (mit der man sicher ab
und zu arithmetisch rechnen muß), oder man kann sie als Objekte sehen, die außer ihrer Reihenfolge keine Beziehung zueinander haben. Die
Musterlösung zeigt beide Möglichkeiten.

Bei der Teilaufgabe 5 wird nach einem Typ gefragt, dessen Werte die
Zustände „belegt" und „nicht belegt" darstellen. Diese kann man mit
den Werten „wahr" und „falsch" der Behauptung „das Feld ist belegt"
identifizieren. Man sollte hier also keinen neuen Typ vereinbaren, sondern
den Typ `boolean` verwenden.

8.4　Lösung zu Aufgabe 4

8.4.1　Hinweise zum Vereinbarungsteil

Zunächst soll ein Typ `zeilenzuordnung_typ` vereinbart werden, dessen
Werte jeweils eine Tabelle folgender Art darstellen:

1	2	3	4	5	6	7	8
Turm	Springer	Läufer	Dame	König	Läufer	Springer	Turm

und `zeile_8` soll ein Objekt dieses Typs mit genau diesem Wert sein.

Nun soll ein Typ `figurenstand_typ` vereinbart werden, dessen Werte
jeweils eine Tabelle folgender Art darstellen:

Damen	Könige	Türme	Springer	Läufer	Bauern
2	2	4	4	4	16

und `anzahl_im_spiel` soll ein Objekt dieses Typs mit genau diesem Wert
sein.

Schließlich soll ein Typ `belegungs_typ` vereinbart werden, dessen Werte jeweils eine Tabelle folgender Art darstellen (x bedeutet: besetzt):

8	x	x	x	x	x	x	x	x
7	x	x	x	x	x	x	x	x
6	.	.	.	.	.	.	.	.
5	.	.	.	.	.	.	.	.
4	.	.	.	.	.	.	.	.
3	.	.	.	.	.	.	.	.
2	x	x	x	x	x	x	x	x
1	x	x	x	x	x	x	x	x
	a	**b**	**c**	**d**	**e**	**f**	**g**	**h**

und `ist_belegt` soll ein Objekt dieses Typs mit genau diesem Wert sein.

8.4.2 Lösung

```
------------------------------------------------------------|
PROCEDURE schach IS

    TYPE farben_typ IS (weiss, schwarz);

    TYPE formen_typ IS (koenig, dame, laeufer,
                        turm, springer, bauer);

    SUBTYPE zeilen_typ  IS integer RANGE 1 .. 8;

    TYPE spalten_typ IS (a, b, c, d, e, f, g, h);
```

```
    TYPE zeilenzuordnung_typ IS ARRAY
        (spalten_typ) OF formen_typ;

    zeile_8 : zeilenzuordnung_typ :=
        (a => turm, b => springer, c => laeufer,  d => dame,
         e => koenig, f => laeufer,  g => springer,
         h => turm);

    TYPE belegungs_typ IS
        ARRAY (zeilen_typ, spalten_typ) OF boolean;

    ist_belegt      : belegungs_typ :=
        (1 | 2 | 7 | 8 => (a .. h => true),
                          3 .. 6 => (a .. h => false));

    TYPE figurenstand_typ IS
        ARRAY (farben_typ, formen_typ) OF integer;

    anzahl_im_spiel : figurenstand_typ :=
        (schwarz | weiss =>
          (koenig | dame => 1, laeufer .. springer => 2,
           bauer => 8));
BEGIN
    zeile_8 (e) := dame;
    zeile_8 (d) := koenig;
    IF anzahl_im_spiel (schwarz, bauer) > 5 THEN
        ist_belegt (7, c) := true;
    END IF;
END schach;
--------------------------------------------------------------------|
```

8.5 Lösung zu Aufgabe 5

8.5.1 Hinweise

1. Eine Spielfigur identifiziert man durch zwei Informationen: Farbe und
   Form. Die Information, die man zur Identifizierung einer Spielfigur
   braucht, besteht also aus den zwei Komponenten „Farbe" und „Form".

2. Zur Darstellung des Inhalts eines Felds gehört zunächst die Information, ob das Feld besetzt ist. Dies ist eine ja/nein (bzw. true/false)

Information, die eine Komponente der Darstellung bildet. Vom Wert dieser Information hängt die Gestalt der Darstellung des Inhalts ab: Wenn das Feld nicht besetzt ist, hat die Darstellung keine weiteren Komponenten; wenn es aber besetzt ist, gehört zur Darstellung seines Inhalts noch eine Identifizierung der Spielfigur, die darauf steht.

3. Einen Wert, der eine Belegung des gesamten Schachbretts darstellt, kann man sich als zweidimensionale Tabelle vorstellen oder wie ein Bild des Schachbretts, bei dem in jedem Feld eine Darstellung des Inhalts dieses Felds steht. Ein Typ, der solche Werte darstellt, sollte also ein zweidimensionaler ARRAY-Typ sein, dessen Komponenten vom eben besprochenen Typ sind.

4. Die Lage eines Feldes auf dem Schachbrett identifiziert man durch zwei Informationen: die Zeile, in der das Feld liegt, und die Spalte, in der das Feld liegt. Ein Typ, dessen Werte jeweils eine solche Lage darstellen, hat dementsprechend zwei Komponenten.

8.5.2 Lösung

```
----------------------------------------------------------------|
PROCEDURE schach IS

   TYPE farben_typ IS (weiss, schwarz);

   TYPE formen_typ IS (koenig, dame, laeufer,
                       turm, springer, bauer);
   SUBTYPE zeilen_typ  IS integer RANGE 1 .. 8;
   TYPE spalten_typ IS (a, b, c, d, e, f, g, h);

   TYPE spielfiguren_typ IS
      RECORD
         farbe : farben_typ;
         form  : formen_typ;
      END RECORD;
   weisser_bauer : CONSTANT spielfiguren_typ :=
                   (farbe => weiss, form => bauer);

   TYPE feld_inhalts_typ (ist_belegt : boolean := false) IS
      RECORD
         CASE ist_belegt IS
            WHEN true =>
               figur : spielfiguren_typ;
```

```
            WHEN false =>
                NULL;

        END CASE;
      END RECORD;

   TYPE belegungs_typ IS ARRAY (zeilen_typ, spalten_typ)
      OF feld_inhalts_typ;

   brett_belegung : belegungs_typ :=
      (2 => (a .. h =>
          (ist_belegt => true, figur => weisser_bauer)),
       1 | 3 | 4 | 5 | 6 | 8 => (a .. h =>
          (ist_belegt => false)),
       7 => (a .. h =>
          (ist_belegt => true,
           figur => (farbe => schwarz, form => bauer)))));
   TYPE lagen_typ IS
      RECORD
         zeile  : zeilen_typ;
         spalte : spalten_typ;
      END RECORD;


   lage               : lagen_typ := (zeile => 2, spalte => g);
BEGIN
   IF brett_belegung (lage.zeile, lage.spalte).ist_belegt
      AND THEN
      brett_belegung (lage.zeile, lage.spalte).figur =
                                         weisser_bauer
      AND THEN
      NOT brett_belegung (lage.zeile + 1,
                          lage.spalte).ist_belegt
   THEN
      brett_belegung (lage.zeile, lage.spalte) :=
                                  (ist_belegt => false);
      brett_belegung (lage.zeile + 1, lage.spalte) :=
          (ist_belegt => true, figur => weisser_bauer);
   END IF;
END schach;
```
--|

Es ist wichtig, daß

```
brett_belegung (lage.zeile, lage.spalte).figur
```

nur dann ausgewertet wird, wenn

```
brett_belegung (lage.zeile, lage.spalte).ist_belegt
```

den Wert true hat; anderenfalls müßte bei der Auswertung von

```
brett_belegung (lage.zeile, lage.spalte).figur
```

die Ausnahme constraint_error ausgelöst werden, weil

```
brett_belegung (lage.zeile, lage.spalte)
```

dann gar keine Komponente figur hätte. Es ist ebenfalls wichtig, daß

```
brett_belegung (lage.zeile + 1, lage.spalte)
```

nur dann ausgewertet wird, wenn

```
brett_belegung (lage.zeile, lage.spalte).ist_belegt
AND THEN
brett_belegung (lage.zeile, lage.spalte).figur =
    weisser_bauer
```

den Wert true hat; denn dann ist sicher, daß lage.zeile nicht die höch-
ste Zeilennummer ist (weil ein Bauer, der bis zur Grundlinie des Gegners
kommt, sich in eine Dame verwandelt, in dieser Zeile also kein weißer
Bauer stehen kann). Andernfalls müßte nämlich die Auswertung von

```
brett_belegung (lage.zeile + 1, lage.spalte)
```

constraint_error auslösen.

Da zeilen_typ als ganzzahliger (Unter-)Typ vereinbart wurde, steht
der Operator „+" für diesen Typ zur Verfügung. Wäre zeilen_typ ein
Aufzählungstyp, so müßte der Compiler den Ausdruck

```
lage.zeile + 1
```

ablehnen; man müßte dann statt dessen

```
zeilen_typ'succ(lage.zeile)
```

schreiben.

8.6 Lösung zu Aufgabe 6

Lösung mit lokalem Unterprogramm:

```
---------------------------------------------------------------|
WITH text_io;

PROCEDURE zehn_buchstaben_sortieren IS
   buchstabe : string (1 .. 10);

   PROCEDURE vertausche (erster   : IN OUT character;
                         zweiter : IN OUT character) IS
      hilfsvariable : character;
   BEGIN
      hilfsvariable := erster;
      erster := zweiter;
      zweiter := hilfsvariable;
   END vertausche;
BEGIN
   text_io.get (buchstabe);
   FOR bis_hierher_ist_schon_sortiert IN buchstabe'range
      LOOP
      FOR n IN REVERSE bis_hierher_ist_schon_sortiert ..
         (buchstabe'last - 1)
      LOOP
         IF buchstabe (n) > buchstabe (n + 1) THEN
            vertausche (buchstabe (n), buchstabe (n + 1));
         END IF;
      END LOOP;
   END LOOP;
   text_io.put (buchstabe);
END zehn_buchstaben_sortieren;
---------------------------------------------------------------|
```

Lösung mit vertausche als Bibliotheksunterprogramm:

```
---------------------------------------------------------------|
PROCEDURE vertausche (erster : IN OUT character;
                      zweiter : IN OUT character) IS
   hilfsvariable : character;
BEGIN
   hilfsvariable := erster;
   erster := zweiter;
```

```
         zweiter := hilfsvariable;
END vertausche;
-------------------------------------------------------|
WITH text_io, vertausche;

PROCEDURE
   zehn_buchstaben_sortieren_mit_bibliotheksunterprogramm IS
   ... genau wie in der ersten Lösung, ausser, dass die
      Vereinbarung von PROCEDURE vertausche jetzt hier fehlt
END zehn_buchstaben_sortieren_mit_bibliotheksunterprogramm;
-------------------------------------------------------|
```

8.7 Lösung zu Aufgabe 7

8.7.1 Hinweis 1

Die Lösung könnte so aussehen:

```
-------------------------------------------------------|
WITH eine_scheibe_bewegen;

PROCEDURE hanoi IS
   anzahl_der_scheiben : CONSTANT := 10;

   PROCEDURE mehrere_scheiben_bewegen
      (wieviele : IN integer;
       von,
       nach      : IN integer) IS
   BEGIN
      -- vervollstaendigen
   END mehrere_scheiben_bewegen;
BEGIN
   mehrere_scheiben_bewegen
                        (von => 1,
                         nach => 3,
                         wieviele => anzahl_der_scheiben);
END hanoi;
-------------------------------------------------------|
```

In den Anweisungsteil der lokalen Prozedur mehrere_scheiben_bewe-
gen gehören Anweisungen, die wieviele Scheiben unter Einhaltung der

Spielregel von Turm Nummer von nach Turm Nummer nach bewegen. Unter diesen Anweisungen dürfen Aufrufe von `eine_scheibe_bewegen` sein, aber auch Aufrufe von `mehrere_scheiben_bewegen` (die dann eine rekursive Prozedur ist).

8.7.2 Hinweis 2

Stellen Sie sich vor, daß Sie unter Einhaltung der Spielregel mehrere (z.B. 7) Scheiben von Turm 1 nach Turm 3 bewegen wollen. Sie können nach folgender Strategie vorgehen:

1. Alle Scheiben außer der größten (unter Einhaltung der Spielregel) von Turm 1 nach Turm 2 bewegen;

2. die größte Scheibe vom Turm 1 nach Turm 3 bewegen;

3. alle Scheiben außer der größten (unter Einhaltung der Spielregel) von Turm 2 nach Turm 3 bewegen;

Bei Schritten 1 und 3 brauchen Sie sich nicht um die größte Scheibe zu kümmern, sondern können so tun, als wäre sie nicht vorhanden; denn sie ist größer als alle anderen und liegt immer zuunterst, kann also niemals zu einer Verletzung der Spielregel führen. So können Sie also, wenn Sie für das Problem mit sechs Scheiben schon eine Lösung haben, aus dieser eine Lösung für das Problem mit sieben Scheiben bauen.

Diese Erkenntnis läßt sich auch auf die Programmierung der Prozedur `mehrere_scheiben_bewegen` übertragen: Schritt 2 kann durch einen Aufruf von `eine_scheibe_bewegen` implementiert werden, Schritte 1 und 3 durch je einen Aufruf von `mehrere_scheiben_bewegen`.

8.7.3 Hinweis 3

Nun ist die Vorgehensweise oben für Scheiben formuliert, die von Turm 1 nach Turm 3 bewegt werden sollen; in `mehrere_scheiben_bewegen` müssen aber `wieviele` Scheiben von Turm von nach Turm nach bewegt werden. Durch entsprechende Einsetzungen bekommt man also folgendes Verfahren:

1. Alle Scheiben außer der größten (unter Einhaltung der Spielregel) von Turm von nach Turm ? bewegen;

2. die größte Scheibe vom Turm von nach Turm nach bewegen;

3. alle Scheiben außer der größten (unter Einhaltung der Spielregel) von Turm ? nach Turm nach bewegen;

Dabei ist Turm ? derjenige der drei Türme, der weder mit Turm von noch mit Turm nach identisch ist; es ist also

```
von + nach + ? = 1 + 2 + 3 = 6
```

also

```
? = 6 - von - nach
```

Also werden beispielsweise im Schritt 1 durch einen Aufruf von `mehrere_scheiben_bewegen (wieviele - 1)` Scheiben von Turm von nach Turm 6 - von - nach bewegt.

Dieses Verfahren kann man nun durch Ada-Anweisungen im Rumpf der PROCEDURE `mehrere_scheiben_bewegen` implementieren.

8.7.4 Lösung der einfachen Version der Aufgabe

```
-----------------------------------------------------------|
WITH eine_scheibe_bewegen;

PROCEDURE hanoi IS
   anzahl_der_scheiben : CONSTANT := 10;


   PROCEDURE mehrere_scheiben_bewegen
                                (wieviele : IN natural;
                                 von,
                                 nach      : IN integer)
      IS
      ablage : CONSTANT natural := 6 - von - nach;
   BEGIN
      CASE wieviele IS
         WHEN 1 .. anzahl_der_scheiben =>
            mehrere_scheiben_bewegen (von => von,
                                 nach => ablage,
                              wieviele => wieviele - 1);
            eine_scheibe_bewegen (von => von, nach => nach);
            mehrere_scheiben_bewegen (von => ablage,
                                 nach => nach,
                              wieviele => wieviele - 1);


         WHEN OTHERS =>   -- also wenn keine oder zuviele
            NULL;         -- Scheiben zu bewegen sind

      END CASE;
   END mehrere_scheiben_bewegen;
BEGIN
```

```
mehrere_scheiben_bewegen
                          (von => 1,
                           nach => 3,
                           wieviele => anzahl_der_scheiben);
END hanoi;
------------------------------------------------------------|
```

Wenn Sie alle angegebenen Hinweise brauchten, um eine Lösung zu finden, oder wenn Sie die Aufgabe nicht lösen konnten, versuchen Sie nun, die strengere Version der Aufgabe zu lösen, in der es (zusätzlich zur Einschränkung durch die bisherige Spielregel) nur erlaubt ist, eine Scheibe von einem Turm auf einen unmittelbar daneben liegenden Turm zu bewegen.

Passen Sie zuerst die im letzten Hinweis angegebene Vorgehensweise der neuen Spielregel an, und drücken Sie dann diese Anpassung durch Veränderung der Prozedur mehrere_scheiben_bewegen aus. Testen Sie Ihren Algorithmus für eine kleine Anzahl von Scheiben (2 oder 3), indem Sie das Programm laufenlassen und die Scheibenbewegungen mit wirklichen Scheiben nachvollziehen.

8.7.5 Lösung der strengeren Version der Aufgabe

```
------------------------------------------------------------|
WITH scheibe_bewegen;

PROCEDURE hanoi IS
   anzahl_der_scheiben : CONSTANT := 10;

   PROCEDURE mehrere_scheiben_bewegen
                                  (wieviele : IN natural;
                                   von,
                                   nach     : IN integer)
      IS
      ablage : CONSTANT natural := 6 - von - nach;
   BEGIN
      CASE wieviele IS
         WHEN 1 .. anzahl_der_scheiben =>
            IF von = 2 OR nach = 2 THEN
               mehrere_scheiben_bewegen (von => von,
                           nach => ablage,
                           wieviele => wieviele - 1);
               scheibe_bewegen (von => von, nach => nach);
```

```
                 mehrere_scheiben_bewegen (von => ablage,
                                           nach => nach,
                                   wieviele => wieviele - 1);
        ELSE
            mehrere_scheiben_bewegen (von => von,
                                      nach => nach,
                              wieviele => wieviele - 1);
            scheibe_bewegen (von => von, nach => ablage);
            mehrere_scheiben_bewegen (von => nach,
                                      nach => von,
                              wieviele => wieviele - 1);
            scheibe_bewegen
                          (von => ablage, nach => nach);
            mehrere_scheiben_bewegen (von => von,
                                      nach => nach,
                              wieviele -> wieviele - 1);
        END IF;

    WHEN OTHERS =>   -- also wenn keine oder zuviele
        NULL;        -- Scheiben zu bewegen sind


    END CASE;
  END mehrere_scheiben_bewegen;
BEGIN
  mehrere_scheiben_bewegen
                      (von => 1,
                       nach => 3,
                       wieviele => anzahl_der_scheiben);
END hanoi;
-------------------------------------------------------------|
```

8.8 Lösung zu Aufgabe 8

```
-------------------------------------------------------------|
-- WITH text_io;
-- PACKAGE integer_io IS NEW
--    text_io.integer_io (num => integer);

WITH text_io, integer_io;
```

```
PROCEDURE ein_und_aus IS
   zahl          : integer;

   TYPE zehn_strings_typ IS ARRAY (1 .. 10)
                                    OF string (1 .. 10);

   zehn_strings : zehn_strings_typ :=
               (zehn_strings_typ'range => (1 .. 10 => ' '));
   laenge        : integer;
BEGIN
   text_io.put_line
 ("Geben Sie bitte eine ganze Zahl zwischen 1 und 10 ein:");
   integer_io.get (zahl);
   text_io.put ("Geben Sie bitte ");
   integer_io.put (zahl);
   text_io.put_line (" Namen ein");
   text_io.put ("(eine Name pro Zeile,");
   text_io.put_line
      ("jeder Name hoechstens 10 Zeichen lang)");
   text_io.skip_line;
   FOR index IN 1 .. zahl LOOP
      text_io.get_line (item => zehn_strings (index),
                        last => laenge);
      IF laenge = 10 THEN
         text_io.skip_line;
      END IF;
   END LOOP;
   text_io.put_line
      ("Jetzt drucke ich die Namen wieder aus:");
   FOR index IN 1 .. zahl LOOP
      integer_io.put (index);
      text_io.put (": ");
      text_io.put_line (zehn_strings (index));
   END LOOP;
END ein_und_aus;
```
--|

Das erste `skip_line` ist nötig, weil davor `get` aufgerufen wurde und
danach `get_line` aufgerufen werden soll; wenn dieses `skip_line` fehlt,
wird das nachfolgende `get_line` nur den (wahrscheinlich leeren) Rest der
vorhergehenden Eingabe einlesen, ohne eine neue Eingabe anzufordern.

   Das zweite `skip_line` ist nur dann nötig, wenn ein Name der Länge
10 eingegeben wird. Dann hört nämlich die Prozedur `get_line` nach

dem zehnten Zeichen auf, Zeichen zu übertragen, und überspringt das anschließende Zeilenende nicht. Das hat zur Folge, daß ein nachfolgendes `get_line` nur den leeren Pufferrest einliest, ohne eine neue Eingabe anzufordern.

8.9 Lösung zu Aufgabe 9

```
-----------------------------------------------------------------|
WITH text_io;

PROCEDURE umdrehen IS

   TYPE keller_eintrags_typ;

   TYPE keller_zeiger_typ IS ACCESS keller_eintrags_typ;

   TYPE keller_eintrags_typ IS
      RECORD
         eintrag    : character;
         vorgaenger : keller_zeiger_typ;
      END RECORD;

   neuer   : keller_zeiger_typ;
   letzter : keller_zeiger_typ := NEW keller_eintrags_typ;
BEGIN
   text_io.get (letzter.eintrag);
   WHILE letzter.eintrag /= '>' LOOP
      neuer := NEW keller_eintrags_typ;
      neuer.vorgaenger := letzter;
      letzter := neuer;
      text_io.get (letzter.eintrag);
   END LOOP;
   WHILE letzter.vorgaenger /= NULL LOOP
      letzter := letzter.vorgaenger;
      text_io.put (letzter.eintrag);
   END LOOP;
END umdrehen;
-----------------------------------------------------------------|
```

8.10 Lösung zu Aufgabe 10

```
--------------------------------------------------------------|
WITH integer_io;

PROCEDURE sortieren IS
   zahl       : integer;


   TYPE ketten_glied_typ;


   TYPE zeiger_typ IS ACCESS ketten_glied_typ;


   TYPE ketten_glied_typ IS
      RECORD
         eintrag   : integer;
         naechster : zeiger_typ;
      END RECORD;


   aktueller,
   erster     : zeiger_typ;


   PROCEDURE initialisiere_liste (mit_eintrag : IN integer)
      IS
   BEGIN
      erster := NEW ketten_glied_typ;
      erster.eintrag := mit_eintrag;
   END initialisiere_liste;


   PROCEDURE fuege_vorne_an (eintrag : integer) IS
   BEGIN
      erster :=
        NEW ketten_glied_typ'(eintrag => eintrag,
                              naechster => erster);
   END fuege_vorne_an;


   PROCEDURE entferne_und_drucke_listenkopf IS
   BEGIN
      integer_io.put (erster.eintrag);
      erster := erster.naechster;
   END entferne_und_drucke_listenkopf;


   PROCEDURE fuege_ein (eintrag : IN integer;
```

```
                         wonach  : IN zeiger_typ) IS
     neuer_eintrag : zeiger_typ := NEW ketten_glied_typ;
  BEGIN
     neuer_eintrag.eintrag := eintrag;
     neuer_eintrag.naechster := wonach.naechster;
     wonach.naechster := neuer_eintrag;
  END fuege_ein;


  FUNCTION letzter_kleiner_gleich (als_welcher : integer)
     RETURN zeiger_typ IS
     kandidat : zeiger_typ := erster;
  BEGIN
     LOOP
        IF kandidat.naechster = NULL OR ELSE
           kandidat.naechster.eintrag > als_welcher
        THEN
           RETURN kandidat;
        ELSE
           kandidat := kandidat.naechster;
        END IF;
     END LOOP;
  END letzter_kleiner_gleich;
BEGIN
  integer_io.get (zahl);
  IF zahl < 1 OR ELSE
     zahl > 100
  THEN
     RETURN;
  ELSE
     initialisiere_liste (mit_eintrag => zahl);
  END IF;
  LOOP
     integer_io.get (zahl);
     IF zahl < 1 OR ELSE zahl > 100 THEN
        EXIT;
     ELSIF zahl <= erster.eintrag THEN
        fuege_vorne_an (zahl);
     ELSE
        fuege_ein (eintrag => zahl,
                   wonach => letzter_kleiner_gleich (zahl));
     END IF;
  END LOOP;
  WHILE erster /= NULL LOOP
```

```
      entferne_und_drucke_listenkopf;
   END LOOP;
END sortieren;
------------------------------------------------------------|
```

9 Anhang A: Syntaxübersicht

Diese Übersicht enthält nur diejenigen Sprachkonstrukte, die in diesem
Band behandelt werden. Eine vollständige Syntaxübersicht ist in [Ada,
Appendix E] zu finden.

```
2.1
graphic_character ::= basic_graphic_character
   | lower_case_letter | other_special_character
basic_graphic_character ::= upper_case_letter | digit
                      | special_character | space_character
basic_character ::= basic_graphic_character
                  | format_effector
2.3
identifier ::= letter {[underline] letter_or_digit}
letter_or_digit ::= letter | digit
letter ::= upper_case_letter | lower_case_letter
2.4
numeric_literal ::= decimal_literal | based_literal
2.4.1
decimal_literal ::= integer [.integer] [exponent]
integer ::= digit {[underline] digit}
exponent ::= E [+] integer | E - integer
2.5
character_literal ::= 'graphic_character'
2.6
string_literal ::= "{graphic_character}"
```

```
3.1
basic_declaration ::= object_declaration
                    | type_declaration
                    | subtype_declaration
                    | subprogram_declaration
                    | generic_instantiation
3.2
object_declaration ::=
    identifier_list :
      [constant] subtype_indication [:= expression];
  | identifier_list :
      [constant] constrained_array_definition
                                      [:= expression];
identifier_list ::=  identifier {, identifier}
3.3.1
type_declaration ::=
            type identifier [discriminant_part]
                              is type_definition;
type_definition ::=
    enumeration_type_definition | array_type_definition
  | record_type_definition     | access_type_definition
3.3.2
subtype_declaration ::= subtype identifier
                            is subtype_indication;
subtype_indication ::=  type_mark [constraint]
type_mark ::= type_name | subtype_name
constraint ::= range_constraint
             | index_constraint   | discriminant_constraint
3.5
range_constraint ::=  range range
range ::=  range_attribute
        | simple_expression .. simple_expression
3.5.1
enumeration_type_definition ::=
   (enumeration_literal_specification
   {, enumeration_literal_specification})
enumeration_literal_specification ::=  enumeration_literal
enumeration_literal ::=  identifier | character_literal
3.6
array_type_definition ::=
   unconstrained_array_definition
 | constrained_array_definition
```

```
unconstrained_array_definition ::=
   array(index_subtype_definition
            {, index_subtype_definition}) of
            component_subtype_indication
constrained_array_definition ::=
   array index_constraint of
   component_subtype_indication
index_subtype_definition ::= type_mark range <>
index_constraint ::=  (discrete_range {, discrete_range})
discrete_range ::= discrete_subtype_indication | range
3.7
record_type_definition ::= record
                              component_list
                           end record
component_list ::= component_declaration
                    {component_declaration}
                 | {component_declaration} variant_part
                 |  null;
component_declaration ::=
   identifier_list : component_subtype_definition
                  [:= expression];
component_subtype_definition ::=  subtype_indication
3.7.1
discriminant_part ::=
   (discriminant_specification
   {; discriminant_specification})
discriminant_specification ::=
   identifier_list : type_mark [:= expression]
3.7.2
discriminant_constraint ::=
   (discriminant_association {, discriminant_association})
discriminant_association ::=
   [discriminant_simple_name
     {| discriminant_simple_name} =>]
            expression
3.7.3
variant_part ::= case discriminant_simple_name is
                     variant
                     {variant}
                  end case;
variant ::= when choice {| choice} =>
              component_list
```

```
choice ::= simple_expression
   | discrete_range | others | component_simple_name
3.8
access_type_definition ::= access subtype_indication
3.9
declarative_part ::=
   {basic_declaration} {later_declarative_item}
later_declarative_item ::= subprogram_body
   | subprogram_declaration | generic_instantiation

4.1
name ::= simple_name
   | character_literal  | operator_symbol
   | indexed_component  | selected_component
   | attribute
simple_name ::= identifier
prefix ::= name | function_call
4.1.1
indexed_component ::= prefix(expression {, expression})
4.1.3
selected_component ::= prefix.selector
selector ::= simple_name
   | character_literal | operator_symbol | all
4.1.4
attribute ::= prefix'simple_name
4.3
aggregate ::=
   (component_association {, component_association})
component_association ::=
   [choice {| choice} => ] expression
4.4
expression ::=
     relation {and then relation}
   | relation {or else relation}
relation ::=
     simple_expression
        [relational_operator simple_expression]
   | simple_expression [not] in range
   | simple_expression [not] in type_mark
simple_expression ::=
   [unary_adding_operator] term
      {binary_adding_operator term}
term ::= factor {multiplying_operator factor}
```

```
factor ::= primary [** primary] | abs primary | not primary
primary ::=
      numeric_literal | null | aggregate | string_literal
   | name | allocator | function_call | (expression)
4.5
relational_operator  ::=  = | /= | < | <= | > | >=
binary_adding_operator  ::=  + | - | &
unary_adding_operator  ::=  + | -
multiplying_operator  ::=  * | / | mod | rem
highest_precedence_operator  ::=  ** | abs | not
4.8
allocator ::=
   new subtype_indication | new qualified_expression


5.1
sequence_of_statements ::= statement {statement}
statement ::=
   simple_statement | compound_statement
simple_statement ::= null_statement
   | assignment_statement | procedure_call_statement
   | exit_statement        | return_statement
compound_statement ::=
      if_statement      | case_statement
   | loop_statement
null_statement ::= null;
5.2
assignment_statement ::= variable_name := expression;
5.3
if_statement ::= if condition then
                    sequence_of_statements
                 {elsif condition then
                    sequence_of_statements}
                 [else
                    sequence_of_statements]
                 end if;
condition ::= boolean_expression
5.4
case_statement ::= case expression is
                    case_statement_alternative
                    {case_statement_alternative}
                 end case;
```

```
case_statement_alternative ::=
  when choice {| choice } =>
      sequence_of_statements
5.5
loop_statement ::=
  [loop_simple_name:]
      [iteration_scheme] loop
          sequence_of_statements
        end loop [loop_simple_name];
iteration_scheme ::= while condition
  | for loop_parameter_specification
loop_parameter_specification ::=
  identifier in [reverse] discrete_range
5.7
exit_statement ::= exit [loop_name];
5.8
return_statement ::= return [expression];


6.1
subprogram_declaration ::= subprogram_specification;
subprogram_specification ::=
      procedure identifier [formal_part]
    | function identifier [formal_part] return type_mark
formal_part ::=
  (parameter_specification {; parameter_specification})
parameter_specification ::=
  identifier_list : mode type_mark [:= expression]
mode ::= [in] | in out | out
6.3
subprogram_body ::=
    subprogram_specification is
        [declarative_part]
    begin
        sequence_of_statements
    end [identifier];
6.4
procedure_call_statement ::=
  procedure_name [actual_parameter_part];
function_call ::=
  function_name [actual_parameter_part]
actual_parameter_part ::=
  (parameter_association {, parameter_association})
```

```
parameter_association ::=
   [formal_parameter =>] actual_parameter
formal_parameter ::= parameter_simple_name
actual_parameter ::= expression | variable_name
```

10.1
```
compilation ::=
compilation_unit ::= {with_clause} library_unit
library_unit ::=
   | subprogram_body | generic_instantiation
```
10.1.1
```
with_clause ::=
   with unit_simple_name {, unit_simple_name};
```

12.3
```
generic_instantiation ::=
      package identifier is
 new generic_package_name (type_mark);
```

10 Stichwortverzeichnis

11 Literaturverzeichnis

[Ada]
The Programming Language Ada Reference Manual,
American National Standards Institute, Inc. 1983
ANSI/MIL-STD-1815A-1983. Springer Lecture Notes in Computer
Science 155, Springer, Berlin 1983

[Böhm, Jacopini]
Flow-diagrams, Turing machines, and languages with only two formation rules. Comm. ACM 9, 366-371 (1966)

[Deutsch-Ada]
DIN 66 268, deutsche Übersetzung von [Ada]. Beuth Verlag, Berlin
1988

[Dijkstra]
Notes on structured programming. In: Dahl, Dijkstra, Hoare, Structured Programming. Academic Press, New York 1972

[Knuth]
Fundamental Algorithms Volume 1, Second Printing. Addison-Wesley 1968

[Mehlhorn]
Effiziente Algorithmen. Teubner, Stuttgart 1977

Reihe „Informationstechnik und Datenverarbeitung"

M. M. Botvinnik: Meine neuen Ideen zur Schachprogrammierung.
Übersetzt aus dem Russischen von A. Zimmermann. X, 177 S., 42 Abb. 1982

K. L. Bowles: Pascal für Mikrocomputer. Übersetzt aus dem Englischen
von A. Kleine. IX, 595 S., 107 Abb. 1982

W. Kilian: Personalinformationssysteme in deutschen Großunternehmen. Ausbau-
stand und Rechtsprobleme. Unter Mitarbeit von T. Heissner, B. Maschmann-Schulz.
XV, 352 S. 1982

A. E. Çakir (Hrsg.): Bildschirmarbeit. Konfliktfelder und Lösungen.
XI, 256 S., 75 Abb. 1983

W. Duus, J. Gulbins: CAD-Systeme. Hardwareaufbau und Einsatz.
IX, 107 S., 41 Abb. 1983

H. Niemann, D. Seitzer, H. W. Schüßler (Hrsg.):
Mikroelektronik - Information - Gesellschaft. XI, 213 S., 80 Abb. 1983

J. Kwiatkowski, B. Arndt: Basic. 2., korr. Auflage. XI, 179 S. 1984

E. E. E. Hoefer, H. Nielinger: SPICE. Analyseprogramm
für elektronische Schaltungen. 223 S., 162 Abb., 36 Tab. 1985

R. Gleaves: Modula-2 für Pascal-Programmierer. X, 183 S. 1985

W. Junginger: FORTRAN 77 - strukturiert. XIII, 451 S., 75 Abb. 1988

F. J. Heeg: Empirische Software-Ergonomie. Zur Gestaltung benutzergerechter
Mensch-Computer-Dialoge. X, 227 S., 79 Abb. 1988

H. Lochner: APL2-Handbuch. X, 331 S., 19 Abb. 1989

G. Staubach: UNIX-Werkzeuge zur Textmusterverarbeitung.
Awk, Lex und Yacc. X, 157 S. 1989

J. A. Brown, S. Pakin, R. P. Polivka: APL2 - Ein erster Einblick. XIV, 373 S. 1989

M. Dürr, K. Radermacher: Einsatz von Datenbanksystemen.
Ein Leitfaden für die Praxis. XIII, 217 S., 78 Abb. 1990

W. F. Clocksin, C. S. Mellish: Programmieren in Prolog.
XIV, 331 S., 43 Abb. 1990

E. Heck, F. Kumpmann: NeWS - Das Netzwerkfähige Window-System.
Einführung und Anleitung. VIII, 120 S., 37 Abb. 1990

S. Pappe: Datenbankzugriff in offenen Rechnernetzen. X, 205 S., 69 Abb. 1991

R. Fößmeier: Die Schnittstellen von UNIX-Programmen. Tips zur
Programm-Organisation unter UNIX. X, 152 S., 61 Abb. 1991

K. Jensen, N.Wirth: Pascal-Benutzerhandbuch. Bearbeitet von
Andrew B. Mickel und James F. Miner. XIV, 243 S., 80 Abb. 1991

D. Schmidt: Programmieren mit Ada. Band 1: Ada für Einsteiger.
XI, 152 S., 2 Abb. 1992

A. Meier: Relationale Datenbanken. Eine Einführung für die Praxis.
XI, 182 S., 68 Abb. 1992